JN194445

Mariko Bando

坂東眞理子

笑顔と思いやりで幸せになる

清流出版

笑顔と思いやりで幸せになる　目次

Part 1　幸せを感じるための、生き方のヒント

Part 2

支え合い、助け合う「共生社会」が幸せのもと

Part 3

夫婦、家族、友人と良好な関係を築くための秘訣

Part 4

輝く女性の「老い」の生かし方

幸せを感じるための、生き方のヒント

Part 1

幸せを感じるための、生き方のヒント

「和言愛語」は幸せの連鎖を呼ぶ言葉

ささいな〝不機嫌〟は伝染していく

「和顔愛語《わげんあいご》」という言葉があります。もとは仏教用語なのですが、「和《なご》やかな笑顔」と「思いやりのある言葉づかい」で人に接することです。これは人間関係をスムーズにするのに役立ちますが、それだけではありません。「幸せの連鎖」を呼ぶ言葉なのです。

例えば、和やかな笑顔で接すれば、笑顔を受け取った人はうれしくなります。するとその幸福感が伝わり、自分自身も「幸せ感」に浸れます。しかも、いつも笑顔でいれば心も穏やかになり、周りに思いやりのある言葉をかけていれば、心が優しくなります。

反対に、怒った顔は相手を不幸にするだけでなく、自分自身までいやな気持ちにしてしまいます。

例えば朝の満員電車の中で、足を踏まれたとしましょう。「混んでいるのだから仕方がない」と思っても、つい不愉快な顔をしがちです。すると、それを見た相手も不機嫌になります。不穏な感情は周囲にも飛び散り、やがて車両全体に蔓延していく……。

さらにそんな不機嫌な気持ちを抱えたまま出勤した人がいたら、無意識のうちにその感情を同僚や部下にぶつけ、職場の雰囲気がギクシャクしてしまうかもしれません。自分自身もいやな空気を引き起こした当事者として、モヤモヤを引きずったまま、一日を終えることになりかねません。

そんなふうに、ささいな〝不機嫌〟が次から次へと伝染していくことだってあるのです。

でも反対に、意識して〝上機嫌〟を広げていくとしたらどうでしょうか。押されても足を踏まれても「いいえ、お互いさまですから」と笑顔で返せば、相手もホッとするでしょう。車内の空気も優しく和み、周囲に上機嫌の輪が広がっていきます。みんなが気持ちよく、一日を過ごすきっかけになるはずです。

「和顔」の精神は「和やかな笑顔で、自分〝も〟幸せになれる」ということです。自分から笑顔を見せれば、相手も笑顔で返してくれます。自分が幸せになりたければ、相手に幸せを与えることから始めましょう。

「愛語」はそこからもう一歩進んで、より積極的に相手の気持ちを察し、支え、慰め、背中を押してあげる言葉。つまり「思いやり」です。これは「お互いさま」の精神。

相手を思いやって愛情あふれる言葉をかければ、相手の気持ちが晴れ、心が明るくなるはずです。優しい言葉が返ってくるかもしれません。そんな心の交流を通じて、自分自身も幸せを感じるようになります。

私は、普段は別々の生活をしながら、心のどこかで相手の幸せを願っているのが、いちばん素敵な人間関係だと考えています。顔を合わせたときに「いつもと違うな」「何か困ったことがあるんじゃない？」と、すぐに察することができる関係。遠慮せずに「弱音の端っこ」をもらすことができる、そんな関係があるといいですね。

しかし、素敵な関係とはいえ、一方的に甘えたり、相手の事情に深入りし過ぎたりするのは厳禁。「つかず離れず」が必要で、あまり踏み込んでほしくない場合もあります。落ち込んでいる相手に余計なことをしゃべらず、黙って温かい飲み物をそっと差し出す……。そんな距離感を保てる人間関係こそ、何物にも代えがたいものです。

笑うクセをつけよう

この「和顔」と「愛語」、両方ともスマートにこなせればベストですが、まずは和顔です。とくに日本の男性は和顔が苦手で、口が「への字」に結ばれ、怖い顔になってしまいます。できるだけ口角を上げる癖をつけて、笑顔を保つようにしてください。

「チンアップ」（あごを上げる）も大事なことです。フランスの哲学者アランに「悲しいから泣くのではない、泣くから悲しくなるのだ。楽しいから笑うのではない。笑うから楽しくなるのだ」という言葉がありますが、つらくて悲しくて、うつむき加減になりがちなときも、あごを上げること。下を向いていると、ますます気持ちが沈んできますが、あごを上げて「上を向いて歩こう」でいくと、元気が出てきます。自分を励ますおまじないは、とても大切です。

また「愛語」の「愛」は「自分を愛して」ではなく、「相手を愛する」であることを忘れないでください。愛を「いただく」のではなく、「与える」なのです。見返りを期待するわけではありませんが、与えようとすれば知恵を働かせます。「いま何かに困っているみたい？」「何に困っているのかしら？」「じゃあ、何をどうしたらいい？」などと考えれば頭脳がフル回転するし、心も躍動するはずです。

例えば、仕事や社会的地位を失うと「もうとても、人のお役には立てそうもない……」と嘆く人がいますが、そんなことはありません。人生経験が豊富になれば、相手の気持ちを察する力は高くなります。ぜひとも「思いやり力」を発揮して、悩める人を応援してほしいと願っています。

「季節の移ろい」を愛でて生活を豊かに

繊細な心をもつ日本人の一人でよかった

私がいちばん長く続けている趣味は和歌です。母の影響で、子どもの頃から親しんでいました。とくに『古今和歌集』が好きです。その中の、

「君ならで　誰にか見せむ　梅の花　色をも香をも　知る人ぞ　しる」（あなた以外の誰にこの梅の花を見せましょうか。このすばらしい色と香り、あなただけに

わかってほしい）という平安時代前期の歌人・紀友則《きのとものり》の歌が好き。切ない心が伝わってくるからです。

和歌の世界では、微妙な季節や日々の移ろい、心に秘めた思いなどが、とても美しく表現されています。『古今和歌集』もまず「春歌・上下」「夏歌」「秋歌・上下」「冬歌」などと、季節を題材にした歌から順に編纂されています。それを読むと、「こんな繊細な心をもつ日本人の一人でよかった」と、感じます。

「あさみどり　糸よりかけて白露を　玉にもぬける　春のやなぎか」（春の柳は、浅緑の糸をより合わせて、白露を数珠のように貫いたかのようだ）僧正遍昭《そうじょうへんじょう》。

いくつかの名歌をそらんじるだけでも、花や草、空の色、風の色を想像し、その情景に思いを馳せることができます。

恋の歌でも、「まだ見ぬ恋」の初々しいものから「別れてのちの恋」など心にしみ入るものまで千

差万別。世の中には不変のものはなく、季節も恋も、必ず移ろいゆくもの。そんな繊細さが日本人の美意識に流れています。

食事面もそうですね。日本人の食卓では、「旬《しゅん》」や「はしり」をとても大切にします。本当は〝盛り〟のほうがおいしいはずなのに、いち早く季節感を味わいたいのです。例えばフキノトウは春の季節を告げる使者。季節を食べ物でも味わう。それが日本人の特質です。

そこで、こうした〝季節感〟を趣味にしてはいかがですか。すぐに歌を詠まずともいいのです。古来、日本には「二十四節気《にじゅうしせっき》」や「七十二候《しちじゅうにこう》」（「二十四節気」の各節気を、それぞれ三つの候に細分し、季節の移ろいを気象や動植物の成長・行動などに託して表したもの。一候が五日程度）などの歳時記が根づいています。私はブログを書いていますが、例えば歳時記から今日は「啓蟄《けいちつ》」（二十四節気）「すごもりの虫、戸を開く」（七十二候）などと、季節に照らし合わせたテーマを拾い、ブログや日記に思いを記す。そうして時の移り変わりに心を馳せようと思います。あるいは、自分なりのテーマで自分だけの歳時記を編集するのも素敵なことです。

俳句もいいですね。作るのが大変なら、その季節に合わせた好みの俳句を選んで読むと、心が和みます。

毎日を忙しく過ごしていると、季節のちょっとした変化に気づきませんが、ふと立ち止まって、「ああ、この景色はあの歌にぴったり」とか、「昔の人はこんなふうに感じたのか」を思うと、生活がとても豊かになります。

気軽に新しいことに挑戦しましょう

趣味の世界は多種多様。これまでいろいろなことに手を染めた方も多いはずです。その何かをずっと続けている人もいますが、いつしかやめてしまったものも多いでしょう。

そんな「昔取った杵柄《きねづか》」を復活させるのも素敵ですし、それがなければ、前に「一度はやってみたい」と思ったことに、どんどんチャレンジすることです。「私には、どうせ無理」などと尻込みせずに、気軽に新しい分野に挑戦しましょう。世界が違ってきます。

例えば旅行でも、いままで行ったことのない、まったく新しい場所を訪れるのです。私も〝貧乏暇なし〟の合間を縫って、二〇一六年はサハ共和国（極東シベリアの国）、その翌年はモンゴルに行きました。見知らぬ土地への旅はとても刺激的で魅力的。いっぺんに気分が若返ります。

登山家の故・田部井淳子《たべいじゅんこ》さんは「七大陸の最高峰登頂」達成後、「世界各国の最高峰登頂」に挑戦し続けました。登山好きならそれにならって、国内の「日本百名山」制覇を目指してみる。歩くことに自信のある方でしたら、「四国八十八か所歩き遍路」や各地の「お札所めぐり」などもいいですね。

もっと身近にやれることなら、地域の観光ボランティア、公園のグリーンボランティアなどもおすすめ。お城や名所旧跡、草花の語りを務めれば、相手に喜ばれるだけでなく、自分の知識欲が満たせます。勉強しなければならないから、脳の活性化にも役立ちます。

趣味とは少し違いますが、私がいま心がけているのは「直筆の手紙」。お手紙はいただくとうれしいものですが、いざ自分が書くとなると、尻込みしてしまいます。

でも私は、週に一通は書こうとしています。それもできれば、さしあたっての用事がない相手宛てに。本当は毎日、一通を書きたいのですが、それはとても無理。私の場合は、下手な字でもいいから、ていねいに手書きし、そこに先ほどの「二十四節気」や「七十二候」から拾ったテーマを書き添えるのです。お試しください。とっても喜ばれますよ。

和歌には日本人の教養がつまっている

現代最高女性歌人は美智子皇后陛下

ちょっと手前みそですが、和歌をすすめるのは、私の趣味だから。

よく「俳句は男の世界、和歌は女の世界」などといわれますが、和歌は女性が力強く生きていることの象徴のように思えます。万葉から平安の時代、女性たちがいきいきと暮らしていた時代には、女性ならではの和歌の世界が花開きました。

でも鎌倉から室町、江戸と時代が下るにつれて、徐々にしぼんでいく。男社会になって女性が表舞台に出にくくなったのと時を同じくしているようです。

歌だけではありません。世界的に有名な『源氏物語』『枕草子』などの文学も平安朝の女性の手になるもの。現代も文学分野では女性が活躍していますが、和歌も負けてはいません。

「現代最高の女性歌人」の一人は美智子皇后陛下ではないかと、私はひそかに考えています。歌のスケールが大きく、世界観が広いのです。国民の幸福と平和を祈る皇室という立場もありますが、それ以上に、人が本来もつべき心のあり方や、万物に注ぐ視線の優しさに感動させられます。

美智子皇后は、例えば昔の人たちの歌を「本歌取り」して世界を広げておられる。それは教養を磨き続けてきたことの賜《たま》物《もの》でしょう。毎年の「歌会始」でご披露される歌をお聴きし、それを包む情景を、じっくり味わってみてください。

和歌は三十一文字《みそひともじ》の中に気持ちや情景を凝縮するものですが、文字数が少ないこともあって、どうしても私的な感情を詠むことに力を注ぎがち。その結果、連綿と心の赴くままを詠むものと誤解されています。

もちろん、平安時代の和泉式部や、『蜻蛉日記《かげろうにっき》』を著した藤原道綱母《ふじわらのみちつなのはは》のように、「情」を描いた優れた作品もあります。でも多くの場合、「情」を追求し過ぎると、小さな世界に閉じこもってしまい、本来の奥深さが損なわれてしまうのです。

もともと和歌というのは、公的な場で朗々と披露され、他人に思いを訴えかけるものでした。時代とともに、恋の歌のように私的な感情を交換するのが主流になっていきましたが、平安時代までは「歌会」や「歌合わせ」という場で、堂々と自分の思いを披露するものでした。

他人の目に触れることを意識しながら、歌を通して表現するということは、自分が培《つちか》ってきたことを客観的に見る機会にもなる……、そう私は考えています。どちらかというと女性は自分を客観視することが苦手なので、その意味でも、和歌のたしなみは、これからの人生の指針になるのではないでしょうか。

旅によって歌の世界も広がる

私自身は若い頃、「朝日歌壇」などに投稿して、たまに採用されると大喜びしていました。でも一人でやっていると、なかなかモチベーションが保てません。上達するために、やはり和歌の結社に入り、先生の指導を受けるようにしたいと思っています。他人の目に触れて批評を受けると、歌が磨かれるだけでなく、違った発想が得られ、より大きな世界を学ぶ源になるような気がするからです。

発表し続けることも大事。じつは私は「歌会始」に応募したいと思いながら、毎年、応募時期を逸しています。二〇一九年のお題は「光」でした。毎年、歌会始終了後に翌年の「お題」が発表され、その年の九月末まで申し込み可能なのですが、ぐずぐずしていると、つい忘れてしまうのです。

そんなふうで、いつまで経っても上達しません。そこで機会を設けて、結社に入ることを考えています。そうすれば定期的に、歌会で発表することになるので、日常的に歌を詠む習慣がつきます。何事も「締め切り」で自分を追い込まないと、上達はしないものです。

また、旅行に出かける際には『万葉集』など文庫本を携えて「歌枕の旅」などを楽しむのも素敵だと思います。

例えば私の故郷・富山県は『万葉集』編纂に携わった大伴家持《おおとものやかもち》が五年間、国守として赴任していた土地で、彼の傑作はこの五年間に生まれています。

「春の苑紅にほふ桃の花　下照る道に出で立つ乙女」(春の庭が紅色に美しく照り輝き、桃の花が木の下まで美しく照り映えた道で、たたずむ少女よ)

「もののふのやそ乙女らが汲みまがう　寺井の上の堅香子《かたかご》の花」(乙女たちが入り

乱れて水を汲む井戸のほとりに咲く可憐なカタクリの花よ）

名歌の舞台になった土地は全国津々浦々にあります。現地を訪れて「この情景を見ながら、あの歌を詠んだのね」と思いを馳せれば、歌の世界も広がり、旅の楽しみも一味、違ってくるはずです。

社会でよりよく生きるために教養が大切

教養と常識はワンセット

「教養」は「無形の資産」です。直接、経済的な利益に結び付かないけれど、好きな分野の知識を深めれば、心の満足が得られます。磨いた知識や見識をさりげなく披露すれば、〝株〟が上がります。

でも「教養」は、社会生活に不可欠な「常識」という土台なしには成り立ちません。「教養」はあるけれど、「常識」がないという人にはなりたくないものです。深い教養を身につける前に、まず自分の常識を再点検することから始めましょう。

例えばあなたは、人と接するときの言葉づかいや、手紙や文書を書くときの正しい日本語などの「常識」が身についていますか？　自信がある人だけが、もう一歩進んで、相手を楽しませる話題づくりや、適切なコミュニケーションなどの「教養」を磨く資格があります。

服装などでも、ＴＰＯを考えて、ふさわしい格好をするのは常識。もうワンランクアップして、センスのよいドレスアップを心掛けるのが教養。こんなふうに、教養と常識をセットで考えてください。

これと反対に、「このほうが楽だから」とカジュアルな服装ばかりしていると、教養と縁遠くなっていきます。教養を身につけるには「もうひとがんばり」

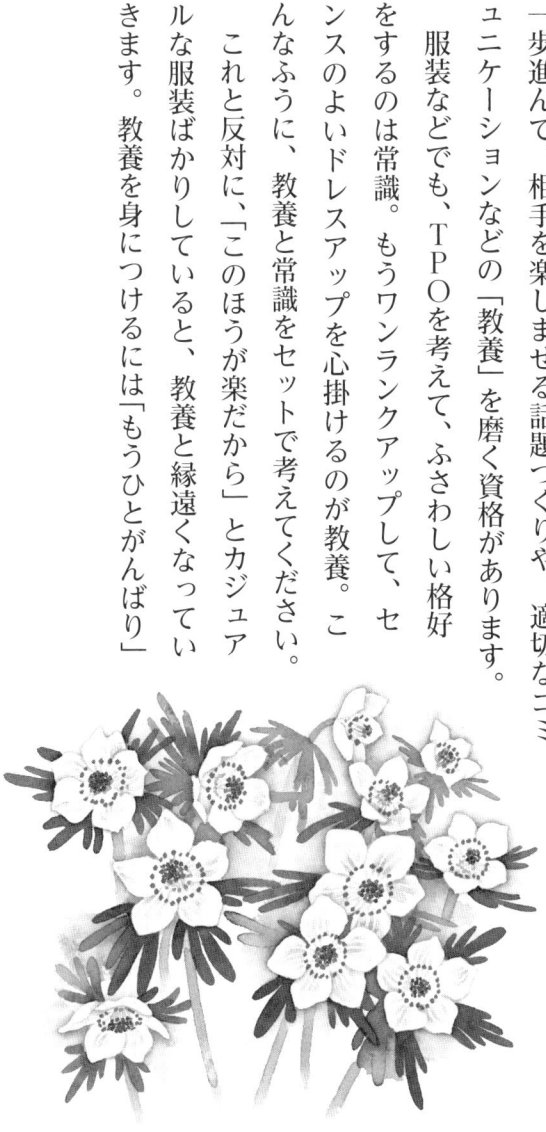

の緊張感が必要なのです。「気楽がいちばん」なんて「ワンランクダウン」させる発想では、心の張りが失われ、精神が老化してしまいます。

こうして土台を整えたら、本格的に教養を磨きましょう。好きこそ物の上手なれ。ご自分の好きな分野に深く入り込んで、知識や見識を広げていきましょう。私の場合は日本文学、とくに和歌の世界ですが、最近、愛誦していた歌の上の句が「あれ、出てこない」というようになりました。「これはいけない！」と感じ、『万葉集』『古今和歌集』などを「座右の書」にして、時間があれば読み返すようにしています。

「読み返し」は、忘れることを防ぐだけでなく、理解を深めていくのに役立ちます。若い頃、読んだときには見過ごしていたことが、もう一度、違う視点で読むと、新たな解釈に気づいたりします。それも「読み返し」の醍醐味です。

外資系企業などで活躍した橘・フクシマ・咲江さんは「使っていないと英語を忘れるから」と、英字新聞を毎日、五分間音読するそうです。橘さんのような「英語の達人」ですら、です。「アヒルの水かき」ではありませんが、教養をキープするには、普段からがんばることが必要なのです。

教養は「きょう、よう（がある）」にも通じます。「特別な用事じゃないから無理することない」なんて、おっくうがってはいけません。面倒くさがらず「きょう、いく（場所がある）」と、自分を「教育」していくことが大事。

ついついおっくうがるのは、「失敗したら、恥ずかしい」という心理も影響しています。でも「わからないから」と尻尾を巻いていたら、社会と無縁になって、〝引きこもり〟を招きかねません。むしろ「知らないから、もっと教えて」というように、好奇心を強くして守備範囲を広げてほしいものです。

ただ、「教養」というのは自己満足で終わることが多いのも事実。そこで、できれば同じ趣味をもつ「同好の士」を募り、いっしょに学び、話し合って、知識や見識を深めていくことです。そうすることで、人間関係の幅も広がり、楽しみが増えていきます。

ニュースに疑問をもつ癖を

こうして〝教養あふれる人〟になった場合でも忘れてほしくないのは、「知識をひけらかす」人にならないこと。「なんだ、こんなことも知らないのか」と相手を見下すと、周囲から反感を買い、人間関係がかえって悪くなります。「相手は自分とは違う教養の持ち主だ」と、謙虚に耳を傾けるのが、真に教養ある人というもの。「われ以外、みな、わが師」の精神を肝に銘じることです。

私自身は、これに対する戒めとして「二対一の会話法則」を心掛けています。相手にたくさんしゃべってもらい、自分は極力、聴くことに徹する。自分が話すのは相手の半分。だから二対一。こうすれば波風は立ちません。しかも寡黙な人ほど教養人に見えるようなので、中身と関係なく、評価が上がります（笑）。

ところで、「教養」には「自分で考えることが身についている」という側面もあります。たくさん知識があるだけでなく、自分の意見をきちんともたなければ、教養人とはいえないのです。

私が「この人は教養があるな」「さすがだな」と感心するのは、現在の出来事や未来の予測などについて、自らの経験や、学んできた知識を元に、独特の見解を提示してくれる人です。

われわれは社会に生きているのですから、日々の出来事とは無関係ではいられないはず。この社会でよりよく生きるためにも、教養を磨きましょう。

まず、毎日のニュースに最低限、関心をもって、「なぜだろう？」を考えてみる癖をつけること。新聞の一面を詳しく読まないまでも、せめて見出しには目を通して、いま何が起こっているかは把握してほしいと思います。

これは常識を身につけるだけでなく、頭脳のブラッシュアップにも役立つはずです。

劣等感は心を波立たせる最大の原因

他人は他人、自分は自分

人間はどうしても、周囲の人と自分を比べてしまう生き物。とても恵まれている人でも、自分にはできそうもないことをしている人を見ると、心に波風が立つ。それもあまり遠くの人ではなく、ごく身近で、いつも接している人に対して——。

とくに男性は地位や肩書など「社会的な序列」に敏感です。女性の場合もきれいな家、高貴な趣味などを見せつけられると、やっぱり気持ちがざわつく。資産や子どもや孫の学校のステータス、ご主人の勤め先などをめぐって、微妙な「格差」を感じることもあります。

でもそんなふうに、他人《ひと》と自分を比べ続けていると、やがて心が折れていきます。そんな不毛な世界から脱け出せるおまじないがあります。それは「他人は他人、自分は自分」という魔法の言葉。

鎌倉時代前期の僧侶で、永平寺を開いた道元禅師《どうげんぜんじ》の『正法眼蔵《しょうぼうげんぞう》』に「徳あるは讃《ほ》むべし。徳なきは憐れむべし」という言葉があります。「よき徳のある人はたたえ、徳の薄い人には哀れみの心で接していこう」という意味です。

例えば成功している人、立派なことをしている人に対しては、ねたんだりしないで「わあ、すごい。あの人は立派だ」と素直に感心する。これが「徳あるは讃むべし」。すると不思議に、嫉妬心も劣等感も消えていきます。芸術や家事に秀でた人には「すごいわねえ。私にも教えて」と頼んでしまいましょう。ますますハッピーになれるはずです。

もう一つの「徳なきは憐れむべし」は、例えば「調子のいいことをいっているけれど、本当は大変なんだろうな」と、冷静に相手を観察すること。やたらに自分を自慢したがる人は、裏で何かしらコンプレックスを抱えていることが多く、それを隠すための自慢話かもしれません。そう考えれば、自慢する人は人間ができていない、かわいそうな人と思うと、心の波風が鎮まっていきます。

誰にでも「がんばった部分」がある

「他人は他人、自分は自分」という気持ちを徹底するには、まず「自分にとって大事なものは、なんなのか」を決める必要があります。大事なことと、それほどでもないことの「仕分け」をして、どれを優先すべきかを決めておくのです。

経済的な問題は、ひとまず外しておきましょう。上を見たらきりがありません。世の中には、追いつきようがないようなお金持ちがいます。一方で、能力もあるしがんばっているのに、あまりゆとりがない人もいる。格差は厳として存在します。「ほどほど」で暮らしていければいいと、納得するしかありません。

人間関係も仕分けしましょう。とくに「あの人はみんなに好かれる。それに比べて私は……」という仲間うちの人気や好感度も、嫉妬の大きな要因になります。

私自身も、昔はたくさんの人に好かれたいと願っていました。でも最近は「自分が好かれたいと思う人から好かれればいいんだ」と思うようになりました。それ以外の人から好かれても、心がときめかないのです。

まして、自分と相性がよくない人は論外。おそらく相手だって同じ思いでしょうから、私は「仲良くならなくてもいい」と割り切ってしまうことにしました。

そうやって仕分けをしていくと「気にすべき」相手なんて、そうたくさんいないことがわかってきます。ターゲットが絞れれば、その人たちを大事にしていけばいいのだと割り切ることができます。

「自己を肯定すること」も大事です。これまでの人生は「山あり谷あり」だった方も多いことでしょう。でもみんな、それを乗り越えてきたはず。そうしたことは目に見えて評価されないかもしれないけれど、「自分としてはよくやった」と胸を張りましょう。ほかの人がどう思おうと、がんばった自分を知っているのは自分です。「苦しかったけど、なんとかやってきた」といった、失敗から立ち直った経験は貴重です。

私にも、これまでつらいこと、悲しいこと、情けないことがたくさんありました。でも、なんとか乗り越えてきました。そこで「いろいろあったけど、なんとか生き延びた自分はたいしたもんよね」と、自分で自分をほめています。

けれど素直にそう思えず「でも私は何もしてこなかったから」といじけてしまう人もいます。しかし誰にでも「がんばった部分」があるはずです。それを一生懸命に探すこと。家計をやりくりしながら懸命に子育てをしたとか、ローンで苦労したけれど必死で返済し終えたとか、「苦しい中で、よくやったわよね」という体験があるはず。それを誇りにしてください。そして「ほかの人にほめてもらわなくてもいい。自分で自分をほめる」のです。

決して、「他人にほめてもらいたい」と考えてはいけません。きちんとやることをやっていれば、「よし」としましょう。

無理にほめてもらおうとすると、へんな画策をしたり、余計なお世話をしたり、自慢したり、うそをついたりします。それは相手にいやがられ、結局、人間関係にひびが入って、また心の波風の原因になってしまいます。

失って知る「人のありがたさ」

先輩たちが自分を支えてくれた

二〇一八年の年明けに、アメリカのボストンを訪れました。友人の郁子・バーンズさんの「お別れ会」に出席するためです。彼女はアメリカ人のご主人と結婚して、五〇年以上ボストンに暮らし、「ここに暮らした日本人で彼女のお世話にならなかった人はいない」というほどの方です。

前年の二月に肺がんが見つかり、同年五月にお会いしたときは抗がん剤で髪がなくなった頭を指さしながら明るく笑っていましたが、最後は呼吸困難に陥り、眠るように亡くなったそうです。八〇歳でした。

ボストンから帰国後には、愛媛の松山にいる松本さんの訃報も受けました。末期がんをおしてかけてくれた彼女の携帯電話に「いまボストンにいるから、帰るまで元気でいて」と答えたのですが、その二時間後、帰らぬ人となったそうです。その電話が〝最後のお別れ〟になってしまいました。

そして帰国直後の一月一一日には、お世話になった岩男《いわお》寿美子《すみこ》さんが八三歳で亡くなったと知らされました。前の晩までお元気だったのに、翌朝、突然……。

岩男さんとは、私がまだ三〇代はじめ、「国際女性学会」にお誘いいただいて以来のお付き合いで、男女共同参画審議会委員などもお願いしました。いわば〝人生の師〟です。

さらに一月二五日には埼玉の熊谷から、いつも元気に私を励ましてくれた野中さんの訃報が飛び込んできました。

この年は、こんな形で次々とお別れを経験し、少々つらい年明けとなりました。そのときに痛切に感じたのは、年上でお世話になった人たちに「もっと恩返しをしておくべきだった」という思いです。

先輩たちが私を支えてくれた時期、彼らも現役で忙しかったはず。やがて先輩が現役を退いてしまうと、なんとなく疎遠になっていきます。こちらはまだ忙しく、自分からは声をかけにくいらしいのです。

だからそれを推し量って、私から声をかけ、お目にかかる機会を設けるべきでした。そうしたことで先輩たちから〝いただいた〟ものに少しだけお返しする気持ちを示すことができたら……。それが「人間の品格」というものかもしれません。

衝突を繰り返すことで、お互いが成長する

郁子さんは五八年間、〝ハッピーマリッジ〟生活を続けた人です。「異文化の結婚」は、えてして破綻しやすいのですが、「喧嘩はしたけれど、彼はとてもいい人なのよ」と郁子さんは始終口にしていましたし、精神科医のご主人も「イクコのおかげで豊かな人生だった」と語っていらっしゃいました。幸福な結婚生活の秘訣は、文化の差を乗り越えた「相手を尊敬する姿勢」。細かな感覚の違いによるいさかいは毎日のようにあるけれど、「小異を捨てて大同に就く」気持ち、歩み寄る姿勢を大切にしていました。

「お二人は異文化がゆえの衝突を繰り返しながら、お互いを成長させてきたのでは」と、そんなふうに感じています。〝衝突〟するたびに刺激され、考え方が広がるなど、お互いをより深く理解できるようになったのではないかと……。

そこで提案です。例えば日頃、悩みを抱えている人は、その中に閉じこもらず、違う価値観に向き合い、積極的に視野を広げ、悩み解決に役立ててはいかがでしょう。実際に周囲と喧嘩するというのではなく、自分の中の「ミニ衝突体験」をするのです。海外旅行は、その格好の舞台です。

日本の場合、年齢が上になるほど「人間関係がわずらわしい」と思う人のほうが、「人間関係が濃くて幸せ」と考える人よりも多いそうです。本来、友だちや家族、親類など「いてうれしい」はずの存在なのに、逆に「意に添わなければならない」と自分を縛り、それで疲れてしまう人が多い。

それはとてもつまらないことだと、とくに欧米に行くと、よくわかります。欧米では個人の考えを大切にするので、対立して言い争いもするけれど、終われば和解する。根にもったり、押しつぶし合うということはありません。「ああ、こういう生き方もあるんだ」と気づけば、「自分の悩みなんて、ちっぽけなものじゃないか」と、自分を見る視点を変えることができます。すると「なんだ、たいしたことじゃないんだ」と、肩の力がすっと抜けていくはずです。

また、日常から離れることができるのも、海外旅行の大きなメリットです。「あれも、これもしなければならない」と思い込む切迫観念から、一時的にも離れられれば、案外、「しなくたってどうってことはない」と気づくからです。

とはいえ、世界各国それぞれ、そこに住む人特有の悩みがあるはずで、それは、われわれ日本人と大きく違うかもしれません。そんなそれぞれの悩みの形態を知るのも、自分の生き方を再確認するのに役立ちます。

旅行という短時間で現地の人たちと仲良くなるのは無理だとしても、できるだけ丹念に、現地の「観察」をしてください。現地の人たちはどんなふうに行動し、生活しているか、男同士、女同士で固まっていないか、何を食べ、何を着ているか。町がいちばん賑わうのは何時頃か。お店で売っているものの値段は、日本に比べてどうか……。スーパーや市場があれば、そこに人々が集う光景を眺めているだけでもいいのです。

心のおしゃれが元気の源！

おしゃれは自己表現の手段

少し前のことですが、私が推薦を依頼された映画「アイリス・アプフェル！94歳のニューヨーカー」には、主人公・アイリスの生き方、考え方、そして、いくつになっても素敵に楽しく生きる極意が詰まっています。彼女は「立場があるから」「もう年だから」といった〝常識〟にとらわれない自由な精神の持ち主。〝心がおしゃれ〟な人で、それが彼女の元気の源です。

　私がとくに感心したのは、そのファッションセンス。花柄や鮮やかな色彩の派手な服を上手に着こなすだけでなく、アメリカ先住民やアジアの民芸風アクセサリーなどを活用し、思いがけない組み合わせを楽しんでいるのです。

「ルールはない。とらわれない」が彼女の信条。ファッションは彼女にとっては自己表現の手段で、パーティーに行く前にどんな服装で行くかを考えることが楽しいのです。

　よく「若いときの美しさは自然のもの。年を重ねた美しさは内面からにじみ出てくる風格の反映」などといわれます。確かにその通り。でもこの言葉からイメージするのは、どちらかというと控えめで慎み深い女性像。とくに「風格」という言葉を前にすると、「目立たないように」と、おとなしく収まってしまいます。

　でも彼女は、そんな常識にはとらわれない。自由に好きなものを身にまとう。ア

メリカ人と日本人の違いかもしれませんが、とかくわれわれは、「もう年なんだから、派手なものなんてみっともない」と自己規制してしまいがちです。でもそんな〝社会の束縛〟は無視。「もうこんな年だから……」という気持ちを捨てることです。すると気持ちがとっても自由になり、自分の好きな生き方ができます。それが〝心のおしゃれ〟ということです。

アイリスは「おしゃれは自分のため、誰にも遠慮はいらない。思い切っておしゃれをし、自由に楽しく生きよう」とスクリーンの向こうから訴えかけているようです。

常識や束縛の整理を優先

ただしそれには「思考の整理」が必要。相変わらず「断捨離《だんしゃり》」がブームですが、これは単なる物の整理ではない。「自分にとって何がいちばん大切か」を見極め、それをじゃますする〝雑音〟を整理すること。それが「断捨離」の真の意味だと思います。この技術が身につけば、日々の生活でも、余計な〝常識の束縛〟から抜け出せます。

私自身も、もっとおしゃれをしようと刺激を受けました。人生を充実させるには一日一日を大切にしたい。「今日は誰にも会わないからいいや」なんて、だらしない格好をしていたら心が弛緩します。それでは一日がもったいない。

白髪を染めない「グレイヘア」の方も増えてきました。白髪の方なら、案外、明るい色が似合うものです。「もう年だから恥ずかしい」なんて臆病風を吹かせずに〝ちょっと派手かな〟というものを、思い切って着こなしてしまいましょう。

いきなり派手な服装に挑むのは抵抗があるのなら、まずは手持ちの服やアクセサリーを組み合わせて、バリエーションを楽しむことから始めましょう。あるいは和服を持て余している方なら、その活用法を工夫してみること。

ただしコートやジャケットにリフォームする方法は、あまりおすすめしません。リフォームするより、新品を買ったほうが安い場合が多いからです。

そこで、和物を洋服に組み合わせ、ちょっとしたアクセントとして活用することをおすすめします。アメリカ人の友人に羽織をプレゼントしたら、袖を外してロングベストのように着こなしてくれました。赤い羽織と黒のリブセーターの組み合わせが素敵でした。そういうアレンジや工夫ができるのも、発想が自由だからです。

失敗の経験も重要です。好きで買ったはいいが、やっぱり似合わなかったという経験を積み重ねていくうちに、どんなものが自分に似合うか、わかってきます。

年を重ねても、「老け込んで」はいけません。できるだけ人目にさらされる場に出かけること。特別な場でなく、例えば近所の買い物にも、自分の心が浮き立つような服装をして出かけるのです。

おしゃれをすれば、周囲の視線を意識するようになり、立ち居振る舞いに気をつけるので、姿勢がよくなる。おしゃれを人に見せたくなるので、社交的にもなります。

着るものだけではありません。インテリアでも「和のテイスト」が楽しめます。例えば和装の帯をアレンジして壁のインテリアや、テーブルクロスにしたり、急須で小さな〝緑〟を育てたり……。ちょっと発想を変えればおもしろい使い方ができます。「本来はこういう使い方」という〝定番〟の考え方を外して、思い切った発想を楽しみましょう。固定観念にとらわれずに工夫してみると、考えることが楽しくなるものです。

悩みや不安を、一時的に〝お蔵入り〟にする

健康でいることが、最大の経済対策

私も時折「この先どうなるの？」と不安に襲われたり、「もうだめかも」と悲観的になったりします。でもそんなとき、「ともかく後回し」と、いったん考えるのをやめ、〝悩みを風呂敷に包んで、押し入れに放り込んでしまう〟自分の姿をイメージします。

悩みが深刻であるほど、簡単に解決しないし、悩みはどんどん膨らんでいくばかり……。ですからいったん手放して、ほかのことに気持ちを向けるのです。とくに体を動かすのがベストで、家事に精を出したり、趣味に打ち込んだり。カラオケもいいと思います。

そうやって無心になれれば、一時的にせよ悩みから解放されます。すると翌日には「なぜ、こんなことで悩んでいたの？」と、悩みが嘘のように消えることもあるし、「ああ、そうか」と、意外な解決法が浮かぶこともあります。

でも、やけ酒、やけ食いはいけません。別の後悔を生み、自己嫌悪をもたらすからです。

悩みを抱えると、女性はよくご主人に相談をもちかけるようですが、とかく夫婦げんかの種になるのでご用心。妻は「ただ話を聞いてほしいだけ」と思ってい

ても、男性というのは「怨み・つらみを聞かされている」と、被害妄想に陥ってしまいます。「俺にどうしろというんだ!」と口論に発展する場合もあります。なので、ご主人への相談は家族に重大な影響をもたらす、夫婦でしか話せない問題だけにすること。

友だちに相談する場合も、慎重な心構えが必要となります。聞かされる側が、もしかしたら迷惑がっているかもしれないからです。まして相手に解決策を求めてはいけません。「まあ、こんな見方もあるんじゃない」というアドバイスをもらえれば儲けもの。聞いてくれる相談できる友だちがいること自体がラッキーと、感謝することです。

とはいえ、〝しまっておける〟悩みだけではなく、深刻なものもありますね。とくに病気、家族関係、お金の悩みなどの場合は……。

病気に襲われるのは、つらいことです。しかし悩んでも解決するわけではありません。立ち向かう手段を講じるしかないのです。まずは「病気に負けないぞ」

と、強い意志をもつこと。それが悩み解決の第一歩です。

家族関係も難問。とくに自立しない子どもの存在は、親世代の生活に大きな影を落とします。親はやがて年を取り、子どもも高齢化していきます。それからでは手遅れ。自分たちのためにも、子どもの将来のためにも、親はまだ余力があるうちに、「出ていきなさい」と、心を鬼にして、家から追い出し、自立を促すこと。毅然と立ち向かう覚悟が必要です。

この二つに比べれば、お金の悩みはまだ解決しやすいかもしれません。「老後に万全の備えを」などとよくいわれますが、さて、どれだけあれば「万全」なのか、欲を出せば切りがない。贅沢せずに食べていければ十分だし、雨露をしのげる場所があれば、それでいいと覚悟を決めておくことが大事。そして自分が健康でいることと、どんな形でもいいので働けることが、最大の経済対策となりますので、その方法を考えてみましょう。

思い通りにならないのが人生

「人間は大なり小なり、みんな悩みを抱えている」とお釈迦さまは語ります。生きることは「四苦八苦」の連続だというのです。「苦」は「苦しみ」のことではなく「思うようにならない」ことで、「四苦」は生・老・病・死という、どうしても避けて通れない生命の根源的事実。

それに「愛する人との離別」「怨み憎んでいる人と顔を合わせること」「求めるものが得られないこと」「肉体と精神が思うようにならないこと」の四つを加えた計八つが「八苦」です。

人は生・老・病・死を克服することができません。でも残りの四つは、心の持ち方次第で解決できそうです。

誰でも、苦労せずに欲望が満たされるのが理想ですが、そんなことは不可能。だから不満が生まれ、それが悩みにつながるのです。でも、生きるということは、思うようにならないこととの連続。「心安らかに生きたければ、執着心を捨てなさい」と、お釈迦さまも説いています。

人間は齢を重ねる中で、「なんとかここまでやってきたなあ」と人生を振り返る瞬間があります。若い頃に思い描いた人生とは少し違っても、「満点とはいかないが、まあこんなもんかな」と思えるのが幸福な人生だと私は思います。不満を残さず、納得して旅立つための第一関門クリアです。

でもそれだけでは不十分。まだこれから、「いい人生」を完結させるという、最後の大仕事が残っています。最後まで幸福な人生であり続けるために、悩みや不安は、一時的にお蔵入りにしてしまいましょう。

支え合い、助け合う「共生社会」が幸せのもと

Part 2

支え合い、助け合う「共生社会」が幸せのもと

個人や家族の壁を越えて「困ったときはお互いさま」

お互いの力を出し合うのが〝助け合い〟

「受援力」という言葉があります。これは私のオリジナルではありません。五人のお子さんを抱えながら医師として活躍する吉田穂波《よしだほなみ》さんの言葉。彼女は第三子を出産後、アメリカのハーバード大学に留学。卒業後に第四子をもうけ、東北の被災地などでの災害支援にかかわる活動もしています。

それが可能だったのは、「多くの人にいろいろな手助けをしてもらった」からだそうです。彼女はその経験をもとに「もっと人に頼りましょう」という「受援力」を提唱しています。簡単にいえば「上手に人に助けてもらう能力」です。

例えば、日本では若い母親たちがまだ数多くの困難に直面しています。共働き家庭でも、母親に子育ての負担が多くかかっていますし、母子家庭ではさらに厳しい。孤独感にさいなまれ、ときとして子どもの虐待につながることもあります。

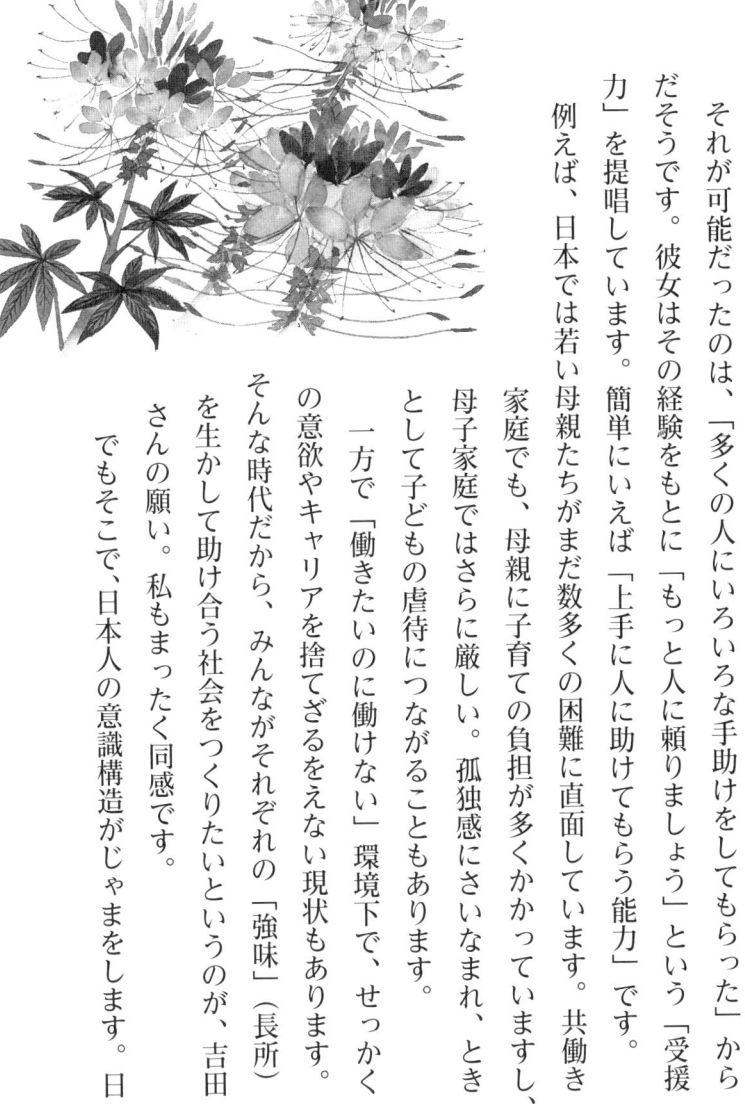

一方で「働きたいのに働けない」環境下で、せっかくの意欲やキャリアを捨てざるをえない現状もあります。そんな時代だから、みんながそれぞれの「強味」（長所）を生かして助け合う社会をつくりたいというのが、吉田さんの願い。私もまったく同感です。

でもそこで、日本人の意識構造がじゃまをします。日本人はこれまで「できるだけ人に迷惑をかけるな」という教育を受けてきて、まだ「他人の世話にならずに自分でやる」「できなかったら家族でやれ」という意識が根強く残っています。

しかし、それでは〝温かい社会〟はつくれません。「自分のことは自分で」という意識は結局、「他人のことなど、かまってはいられない」という個人主義につながってしまいます。むしろ「困っているときはお互いさま」という気持ちで、個人や家族の垣根を越えて、ともに助け合う社会を目指したいものです。

ただし〝助け合い〟なのですから、お互いの〝力〟を出し合うのが原則。他人に力を借りていただくのですから、借りるほうも「助けられ上手」になる必要があります。「助けてもらうなんて図々しい」と遠慮し過ぎるのも問題だし、かといって「余力があるのなら、助けてくれるのが当然」と、自分の権利のように要求すると、人間関係がぎくしゃくしてしまう。「ありがとう、本当に助かりました」という気持ちを、きちんと態度で示せば、また力を貸してもらえます。

「これが受援力」というものです。

助けられ上手は助け上手

この「受援力」を身につけるために、私はもう一歩進んで「求援力」という言葉を考えました。というのは「助けて」を自分から発信するのは、たいていは切羽詰まった状態になってからということが多いからです。そうした場合、「ええ、急にいわれても困るわよ！」と、相手もどうすればよいかわからず、結局、助けてもらえなかったり、それがもとで友人を失うこともあります。

そこでギリギリの状態になる前の「これは自分の能力を超えている」と思う段階で、「こんなことをしてもらえれば、とても助かります」と、余裕をもって頼む。相手にとって無理なくできるかどうかを考えて頼めば、周りも手を差し伸べやすくなります。私の観察では、仕事ができる人は、上手に頼み事をします。世間でいう「愛嬌」と近いかもしれません。それは日頃から、自分に必要なものをもっている人を見て、その人に頼むからです。

そこで、そういう頼み上手な人を探して、どう頼むかを真似る。「なるほど、こうすれば助けてもらえるのだ」と観察して、やり方を学習する。「そんなこと、私にはできないわ」なんて頑なにならないで、どこまでなら相手にとって負担にならないか、考えればよいのです。

あるいは、「こういう人だけは絶対に助けたくないわ」という〝評判のよくない人〟を参考にして、「なぜその人は嫌われるのか？」を研究するのもいいかもしれません。「反面教師」としてお手本にし、いざというときのためにその知恵をしまっておく。私はこれを「経験の引き出し」と呼びますが、これが転ばぬ先の杖として役立ちます。

そして「助けてもらったら、必ずお返しをする心意気」が大事。心がこもっていれば、言葉や品物でもいいのですが、できれば「お助け返し」をしてください。助けてくれた相手に、今度は自分がなんらかのお手伝い……です。「自分にはとてもお返しをする余力なんてない」と思うかもしれませんが「及ばずながら」という気持ちで、ほんのささいなことでいいから、お助け返しをする。その気持ちが大事です。これが「助けられ上手は助け上手」という関係につながっていきます。

人は誰にでも長所、つまり〝得意技〟があるはずです。「自分の得意技なんて、とても自慢できるものではない」と、奥に隠してしまうと、せっかくの得意技も錆びついてしまう。得意技は、他人に提供することで磨きがかかるのです。

そうしていくと、お助けの輪が広がります。その得意技を使って別な人を助けてあげるのです。買い物好きなら、一人暮らしの人の買い物を代行してあげる。料理好きなら食事の世話。きれい好きなら洗濯やお掃除、そんなささいなことが人を喜ばせるだけでなく、自分をほめてあげることにつながっていくはずです。

日本を助けてくれる異なる国の人との共生

自分の「心の国際化」を

いま日本社会には、海外から多くの人たちが働きに来ています。アジアからの人たちが主ですが、都会では飲食店で働く人たちが多く、地方に行くと「技術研修生」という形で、日本人が敬遠しがちな農業、漁業、あるいは工場労働に従事する姿を、よく目にします。

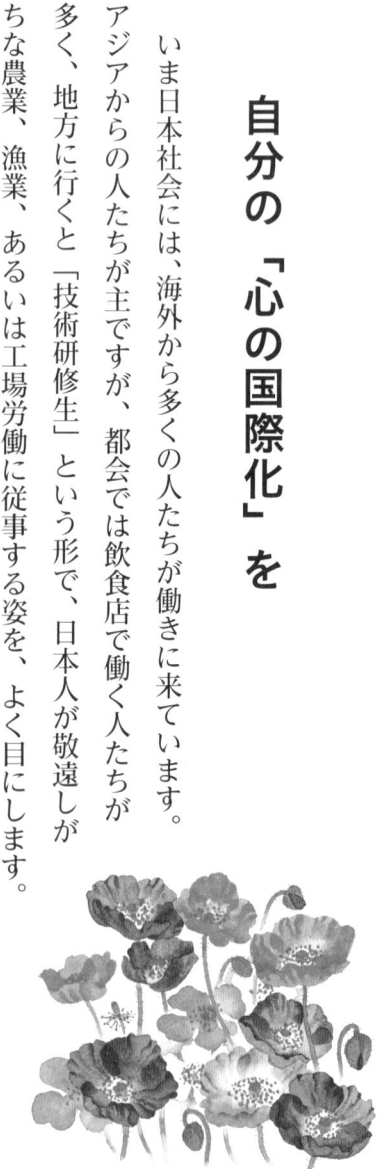

私の故郷の富山には「ベトナムランタンまつり」というイベントがあります。地元の古い製造業の工場がベトナムからの技術研修生を受け入れていて、彼らとの交流会が催されているのです。

山梨のブドウ農園では、インターネットで、「宿泊と食事は提供するから収穫を手伝いに来て」と頼んだら、海外からも大勢、人が集まってきたそうです。

こんなふうに、長期にしろ短期にしろ、日本で働きたいという人は増えてきました。研修を終えても「できればこのまま日本に定住したい」と考える人も多く、もっと日本語を上達させ、もっと日本社会に溶け込みたいと願っています。

でも日本社会は、そんな彼らの希望をなかなかかなえてくれません。日本人は欧米人には優しいけれど、とかくアジアや中東から来た人たちには〝冷淡〟で、彼らにとって暮らしやすい国とはいえない。目に見えない〝壁〟があるのです。

私は以前、総領事としてオーストラリアに赴任していたことがあります。この国は長いこと「白豪主義」を掲げていて、「移民は白人だけ」としていました。しかし一九七〇年代に「アジア太平洋国家」を目指すことに方針を転換し、近隣アジア諸国や中東から移民を受け入れるようにしたのです。

そこでオーストラリア政府は、英語が不自由な人たちのために、英語教育を徹底する政策を推し進めました。国が主導して移民やその子弟に教育を施し、スムーズに社会に溶け込めるよう支援したのです。

それに比べ、日本はどうでしょうか。体系的な日本語教育は行われず、相変わらず「習うより慣れろ」で、「個人の責任で日本語を学べ」という主義。公的な補助も少なく、ボランティアの力なしには成り立ちません。

いまアジアからの技術研修生たちが、比較的安い賃金で、日本人がやりたがらない労働に従事してくれるのも、「豊かな日本」が魅力的に映るからです。でも私は、日本社会が彼らに冷淡な態度を続けていたら、やがて愛想をつかされてしまうのではないかと心配しています。以前は安価な労働力の担い手だった中国人の姿は生産の現場から消え、いまはベトナムやミャンマー、バングラデシュなどの人たちが単純労働に従事してくれています。でも母国の経済発展次第では、帰国してしまうかもしれません。いまの日本は、それを押しとどめるほど魅力的な社会だとは、とうてい思えないのです。

加えて、日本人の心の中には、アジアの人たちに対する「差別意識」が潜んでいます。「ヘイトスピーチ」は極端な例だとしても、やや見下した気持ちをもつ人も多くいます。私たち日本人の多くは、頭では「アジアと協力していかなければ」と思っています。しかし、日常的な交流となると「心の中のバリア」がじゃまをする。その意識を、いま変えていかなければならないのです。

サポートに必要なことは善意だけ

今後、日本の人口は減少する一方です。いまでさえ労働力不足で困っている産業が多いのに、これ以上人口が減ったら、社会が立ち行きません。それを助けてくれるのがアジアからの人たち。だからこそ、彼らを受け入れ、共生していかなければなりません。彼らが「日本社会で暮らすほうがいい」と思ってくれるような、温かい社会をつくる必要があります。

でも、いきなり意識を大きく変えるのは無理なので、できるところから〝ちょこっと〟始めましょう。近所で彼らとの交流イベントがあったら積極的に顔を出す。あるいは炊き出しの手伝いをする……。

もちろん、自分たちと少し違った文化をもつ彼らには、「日本人の生活ルールはこうなのよ」と伝えることが必要です。そうしてお互いの理解が深まれば、人種や習慣の違いなどは、やがて気にならなくなります。

そして折にふれて、彼らに日本語を教えてあげてください。これから諸外国の人を受け入れるには、まず日本語教育に従事する人を育てることが大事。本来、日本語を体系的に教えるというのはプロフェッショナルの仕事なのですが、いまの日本では日本語教師の待遇は恵まれているとはいえないし、政府や行政に任せていたら、いつになってしまうかわかりません。そのすきまを埋めるお手伝いをしてください。例えば地域ごとにある「国際交流協会」などで活動するのはいかがでしょう。

必ずしも英語や中国語ができなくても大丈夫。必要なのは、偏見をもたずに、外国から来ている人をサポートしようという善意だけ。ていねいに、ゆっくりと、「日本語ではこう考え、こう話すのよ」と教えてあげれば、いいだけなのです。

さらに一歩進めて、「ホームビジット」や「ルームシェア」に自宅を提供しましょう。でも、べったりいっしょに生活するのは大変なので、「部屋だけ貸すけど食事は別」というくらいの、ゆるやかな関係から始めてみてはいかがでしょうか。

共助社会は、〝ちょこっとおせっかい〟から始まる

「積極的慮り」の精神でいてほしい

日本はとくに「忖度《そんたく》」の度合いが強い社会です。目上の人が「こんなことを望んでいるんだな」と察したら、自分にマイナスにならない限り「その方向でやりましょう」と、先回りをして配慮します。

ところが別の文化の国でそんなことをしたら、必ず「どうして?」「なぜ?」と

怪訝《けげん》な顔をされ、理由を求められます。

日本は「察し」の文化で、理由を曖昧にする。欧米は選択や決定の際は明確な理由が求められる文化なのです。「グローバル・スタンダード」とは、そういう曖昧さを許さず、すべてを明確にしていくことのように思われていますが、じつは「白か黒か」をはっきりさせたがるのは英米などの「アングロサクソン・スタンダード」。世界中に通用するわけではありません。

日本と同じアジアの中国や韓国も、根底には儒教文化があり「上の人の意に背かないように」という意識が強い国です。だから「忖度」はするけれど、ちょっとだけ理屈をつけて自己主張をします。同じアジアでも、それぞれの文化によって「忖度」の仕方も違う。「グローバル・スタンダード」も世界一律ではないのです。

それはさておき、「忖度」という言葉は、〝森友問題〟のせいで「権力者におもねってルールを曲げる」ような意味で使われ、〝悪者〟扱いされてしまいました。でも本来は、「いちいち言葉にしなくても相手の望みを察知できる想像力」という意味も含まれているのです。人間関係を円滑にし、組織をスムーズに動かすための一つの能力なのです。

そこでいったん「忖度」という言葉から離れ、「慮り《おもんぱかり》」という言葉を前面に出すことにしましょう。これも「忖度」と同じで、「相手の心の内を察する」こと。じつは年長者ほど、この能力にたけているはずです。「慮り」が的確にできるのは、年齢を重ね、経験を積んだからこそです。

でもおしはかるだけではいけません。行動に移すことが大事だと思います。

ところが最近は、とみに「慮りなんてしたくない」というような言葉を聞きます。「余計なおせっかいをすると反発されて嫌がられる」とか、「部外者は黙っていろ、と批判されるから」などと考えて自己規制してしまう。慮りを、行動しない言いわけにするケースが増えているのです。これを私は「消極的慮り」と呼んでいます。

確かにいまの社会は「物いえば唇寒し」で思わぬことが批判され〝炎上〟につながる社会。でもそれでみんなが萎縮してしまうと、社会がどんどん窮屈になっていきます。「慮り」の能力にたけている人は、どんどん役立てる「積極的慮り」の精神でいてほしい……。

では「消極的」と「積極的」を分けるものは何でしょうか？　それは「慮りの説明」ができるかどうか、です。

例えば「こんなことをいったら、相手は怒るかもしれない」と予想したら、慮った背景や理由をきちんと述べられるよう、考えをめぐらせ対応する。これが「積極的慮り」です。「批判が恐いからやめておこう」ではなく、仮に批判されても「私はこういう理由だからこう思ってたのよ」と、きちんと説明できるように準備しておくことです。

困っている人を助けてあげたいのが人間

私は常々、みんながそれぞれの力を出し合って助け合う「共助社会」を目指そうと語っています。例えば育児などで困っている母親は、自分から言い出せないけれど、周囲が慮って行動を起こしてくれれば、とても助かるはず。しかし立ち入り過ぎると､相手に「わずらわしい……」という気持ちが生まれる。それが「余計なおせっかい」なのか「親切」なのか、その境界線を察知し「でしゃばり過ぎない程度を慮れる」のが、成熟した人間の経験値というものです。

しかも人生経験を積んだ人ほど、心の中にいろいろな「引き出し」をもっているはず。それは、相手が何に困っているのかを想像できる力です。経験豊富な人は、知らず知らずに相手のことを考える訓練ができているもの。助けを求めている人たちに声をかけてあげる場合でも､「どの引き出しを開ければ気持ちを汲み取ってあげられるかな？」と、「慮りのバリエーション」を駆使することができます。

『論語』に「性相近《せいあい》きなり。習《なら》ひ相遠きなり」という言葉があります。「人間は、生まれついてもつ性質はそんなに違わない。だけど後天的に身につけるもの次第で差が広がっていく」という意味です。

人間には本来、困った人を助けてあげたい気持ちがあります。ですが慮りを行動に移す習慣がついている人と、あまり人のことなど考えない癖がついている人とでは、そこから生まれる行動に大きな差がつく。できれば人間の品性を保つ上でも、相手の立場や心を想像する習慣を身につけてほしいと願っています。

日本でもボランティア活動が盛んになってきました。困っている人を助けたいという優しい気持ちをもつ人が多いのですが、どうアプローチしたらいいのかわからない。そんな人には〝ちょこっとおせっかい〟を教えてあげてください。「おそるおそるでもいいから、まずやってみて。はねつけられたら、さっと引けばいいのよ」と。そんな知恵を授けられる成熟した大人を目指したいものです。

「志縁社会」が貧困の連鎖の歯止めに

フィーリングや価値観が合う人とつながる

歴史的に日本は「地縁」と「血縁」を大事にしてきた社会でした。しかし戦後、都市化や核家族化の波が広がるとともに、急速にこの縁が希薄になりました。これに代わったのが「社縁社会」。会社が「終身雇用」「年功序列」「社宅の完備」などという形で、社員や家族の面倒を見る社会です。でも日本経済の停滞と

ともに企業にも余力が失われていき、日本は急速に「無縁社会」になりつつあります。

事実、五年ごとに実施される国勢調査でも、いちばん多い家族の形態が「単身世帯」。いわば日本は「核分裂社会」なのです。そして五〇歳の段階で結婚していない「生涯未婚率」が男性で約二二・八%、女性でも一三・三%。一九七〇年は男性一・七%、女性三・四%でした。しかもこの数字は今後、ますます増加しそうです。

そもそも日本人は、アメリカ人のように「成功も失敗も個人の責任」という意識はあまりありません。むしろ個人があまり自我を主張しない代わりに、みんなで助け合い、支え合おうという国民性です。聖徳太子の「十七条の憲法」にある「和をもって貴しとなす」の精神です。

それなのに〝無縁〟が広がっているのは、「地縁」「血縁」「社縁」という〝支え合いの核〟が失われてしまったからです。

でももはや、血縁も地縁も、あるいは社縁も復活は難しいでしょう。

そこで私が提唱したいのが「志縁社会をつくろう」です。「志」といっても幕末の志士のように〝高邁な志〟を共有するというのではありません。

まずは「これ、素敵ね」「これいいね」と言い合えるような、フィーリングや価値観が合う人と〝ゆるやかに〟つながっていくことです。

無理をすることはありません。人生経験をつんでいけば、自分がどんなタイプの人間なのか、どういう人となら仲良くなれるか、わかっているはずです。いわば同じことに「ときめく」人を探しやすい。そして友だちになれれば、やがて、気持ちが通じ合う人たちといっしょにいる時間が心地よくなり、いっしょにいられるありがたさを実感するようになります。

「やれるときに」、「できるだけ」すればいい

最初は、単なる話し相手でもいいのですが、できればそこから一歩進んで、いっしょに活動する「場」をつくっていただければと思います。

例えば、母子家庭・父子家庭や両親が共働きのため、満足に食事を摂れない子どもたちのために食事を提供する「子ども食堂」でボランティア活動をしてみる。または、お茶を飲みながら歓談する「お年寄りサロン」の運営、あるいは障がいをもつ人たちをサポートする活動、働くお母さんに代わって半日だけ、子どもの面倒を見る……。いま、こんな形の活動の輪が全国に広がっています。自分ができる活動の場を探して、感覚が合うようなら、そこに参加してみることです。

「志縁」がいいのは〝強制力〟が少ないこと。「血縁」「地縁」は自分で選ぶことはできません。しかも血のつながりや地域のつながりという関係性が深い間柄だ

と、ともすれば「やってあげなければいけない」「要求するのが当然」という意識が強くなります。こうしたプレッシャーによって、みんな疲れてしまう。しかしゆるやかな縁なら、「いいな」と思ったことを「やれるときに」、「できるだけ」すればいい。大きな負担にはなりません。

じつはこの考え方、私のオリジナルではありません。私が三〇代の頃、休職留学をしてボストンで暮らしたときに、ホームステイ先のメアリー夫人から教わったものです。敬虔《けいけん》なカトリック教徒で社会活動に熱心な人で、貧乏な留学生の私を自宅に置き、面倒を見てくださいました。

「何か恩返しをしたい」と申し出ると、彼女はこういうのです。

「マリコ、私にはいらない。でも将来、誰かのために力を尽くせるようになったら、その人のためにやってちょうだい」

彼女は数年前に、一〇〇歳で旅立ちました。私が今日いられるのは、彼女をはじめ、私が人生で出会い、局面を支えてくれた方たちのおかげと、切に感じています。誰にでもお世話になった方が大勢いるはずです。そこで私と同様に、このメアリー夫人の言葉をご自分に置き換えて、できることから「恩送り」をしていただけたら……。それは必ずしも何かの活動に参加するということだけではなく、たとえ少額の寄付でも有意義だと思います。

いま日本では祖父母や親が孫や子に教育資金を贈る場合、一五〇〇万円まで贈与税は無税なので、これに関する贈与総額は約一兆円に達したそうです。

でも私が残念に思うのは、血縁のためには高額の贈与をするのに、他人に心を配ろうという人は、まだ日本では少数派だということ。「どこの誰かわからない人のために大切なお金を出すなんて……」という気持ちは理解できます。しかし、仮に一人が一万円ずつ寄付したとしても、積もり積もれば大きな金額になります。金額もさることながら、「恵まれない人を助けよう」という機運が社会に広がっていったら、日本の「貧困の連鎖」にも少しは歯止めがかかるはずです。そんな形で、社会をもっと明るくしていければいいな、と考えています。

「悲観」は気分から、「楽観」は意志から

悩むより、やりたいことをやって生きる

前述しましたが、世界で女性初のエベレストに登頂を果たした登山家の田部井淳子さんは、惜しくも二〇一六年、還らぬ人となってしまいました。病を押して山への情熱を燃やし続けた田部井さんはエベレストをはじめ、七大陸の最高峰登頂という偉業を達成。その経験を活かし、「山の楽しさ」を伝える伝道師であろ

うとしていました。がんという病魔に冒され、転移と再発に苦しみながらも、「それでも私は山に登る」と行動されました。

抗がん剤の影響で足はむくみ、全身のしびれが続く。そんな体に鞭打って、東日本大震災で被災した東北の高校生を富士山に連れて行くことに、最後まで力を注いでいました。「自然の中を歩けば気持ちが明るくなっていく。苦難に負けないでがんばって」という気持ちからです。

そんな彼女の姿を見ていると、私は「悲観は気分から、楽観は意志から」という言葉を思い浮かべます。

彼女は、私が理事長・総長を務める昭和女子大学の卒業生です。東京での大学生活がハッピーでなく悩んでいた。彼女に元気を取り戻させたのが登山だったといいます。

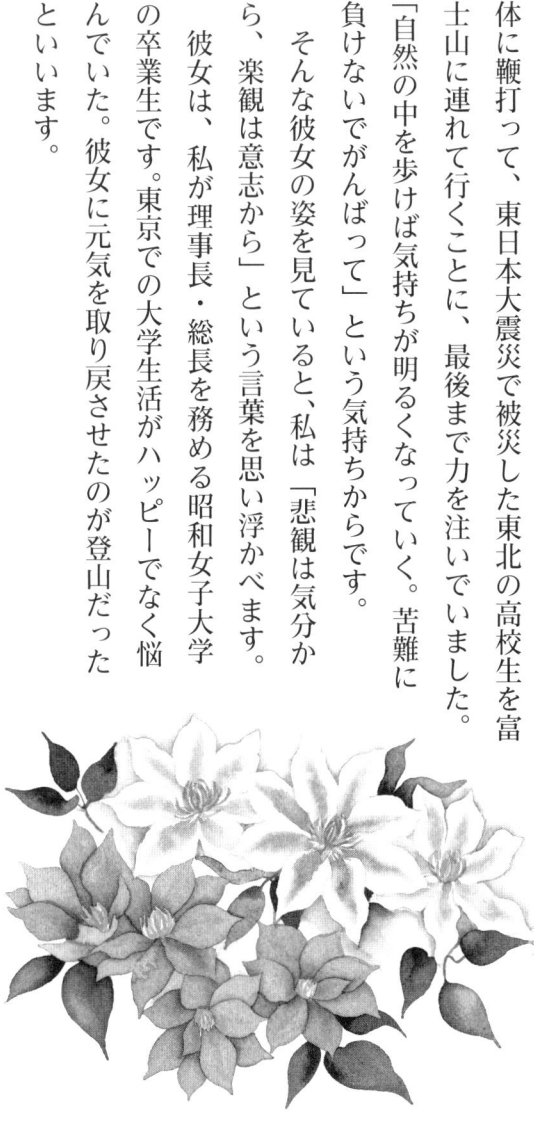

どんな人にも、適応できない環境はあります。でも悩みに流されるままでいたら、「これからどうなっていくの？」「なんて自分は運が悪いんだろう」と、ますます悲観的になっていきます。しかし、悩んでいても出口は見つからない。だから〝悩むことをやめる〟のです。「やめる」というのも〝意志〟の発露。すると世界が明るくなって「どうにかなるわよ」と、楽観的に考えられるようになります。

田部井さんに対して、「がんにならなかったら、もっといろんなことができたのに」と残念がる人もいます。確かにそうでしょう。でも彼女は自分の病気を悲観しなかった。「悩んで病気が消えるわけじゃない。だから私は悩むより、最後までやりたいことをやって生きる！」と決意した。そこに意志の強さを感じます。

じつは私が知り合った一九九六年頃、「マダム・タベイ」は、すでに世界に通用するビッグネームでした。でも田部井さんは初心を忘れず、自分に勇気を与えてくれた「山のすばらしさ」を知ってもらうために力を注いでいました。「自然が人間のエネルギーを回復させてくれる」ことを訴えかけ、「そんな山の自然を守ろう」と、活動を続けていたのです。

単に団体に名前を連ねるのではありません。「どんな活動をするか」を先頭に立って考え、ビラ作りの実務まで、自らこまめにこなしていたのです。人間として地に足がついた生き方の人……そこが、みんなから敬愛された理由だと思います。

他人を助けるパワーを養っておく

田部井さんは山で出会ったご主人と結婚して家庭を築きましたが、世界的な登山家になっても主婦としての仕事をおろそかにせず、家庭をしっかり守りながら山登りをしていた人です。海外に長期遠征するときには、ご主人やご親族に面倒をかける。だから日々の暮らしの中では、「立派な生活人であろう」と決めていて、山にも自ら漬けた梅干しやラッキョウを持参したりしていました。

私は田部井さん主宰の「森の女性会議」という、中高年キャリアの専門職や企業幹部限定の登山愛好会のメンバーです。それぞれ社会で活躍する多士済々の人材ぞろいですが、山に関しては〝ヘナチョコ〟ばかり。でもいっしょに山に登って苦しい思いをすると、相手の人柄がわかってきて、結び付きが強くなる。そんなネットワークに私もずいぶん助けられたし、そこから多くのことを学びました。

中でも強く感じたのは、「どういう形でもよいから、他人を助けるパワーを養っておく必要がある」ということ。よくお年寄りから「人に迷惑をかけないように生きる」という言葉を聞きます。でも「人に迷惑をかけなければいい」というのは、見方を変えれば自分だけの幸せを願う生き方だといえます。

それが悪いとはいいません。でももう一歩進んで、自分よりちょっと弱っている仲間がいたら、少しでいいから〝手助け〟をしてあげてほしい。なんでもいいのです。無理のない範囲で周囲の人に力を貸してあげる。そんな形で、みんながほんの少し力を貸し合えば、もっともっと生きやすい社会が築けます。

田部井さんは、身をもってそれを教えてくれる人でした。山で私がヒイヒイあえいでいると、彼女がさっと荷物を背負ってくれるのです。彼女にとってはささいなことかもしれません。でも「助けてあげたい」と思っても、自分に余力がなければ、とても助けてあげられない。「それだけの力をもちあわせたときに、初めて人を助けてあげられる」ということを、彼女から学びました。

自身が福島県出身ということもあって、東日本大震災の被災地で暮らす人たちのことを、とても気にかけていました。仮設住宅に暮らす人たちは、どうしても以前より行動範囲や人間関係が狭くなり、心がすさんできます。未来への不安もあります。そんな人たちを元気づけようと、近場の山に案内し、また「高校生富士登山プロジェクト」に取り組んだのです。

享年七七。心からご冥福をお祈りします。そして私たちは、みんながいっしょに生きていく「共助社会」を大事にすることを彼女の「遺志」として受け継ぎ、広めていきたいと思っています。

時代遅れの「女はこうあるべき」

女性も活躍できる社会を目指して

私は戦後生まれの「戦争を知らない子どもたち」の一人です。物心ついたときはまだ貧しく、大学進学で出てきた東京で、初めてハンバーグやレタスに出合い、「世の中にはこんなに変わった食べ物があるんだ！」とびっくりしました。やがて社会に出て、高度経済成長の担い手になりましたが、何年かして周りを見ると、同

年代の働く女性が少ないのです。

当時、男性に比べ、女性の大学進学率はまだ低く、私の母校・東京大学では女子学生は一〇〇人中三人でした。東大に限らず、大学に進むほどの人はみな、夢や希望に満ちていたはずです。しかし、大半はその力を発揮する間もなく社会から退き、専業主婦の道を選びました。当時はまだ「女は家庭に入るのが当たり前」という風潮があり、仕事と家庭の両立が困難だったからです。

一九七五年から一〇年間は国連の「国際婦人年」でした。七五年の会議で「性別による役割分担が諸悪の根源」という宣言が採択され、「男は外で仕事、女は家事」という〝決めつけ〟をなくして、女性も外で活躍できる社会を築こうという行動計画が立てられました。

でも社会はそう簡単に変わるものではありません。幸い、私自身は公務員の道を選び、総理府に入省し、夫や周囲の援助もあって仕事を続けられましたが、それでも母親になっていた私への「この仕事は君でなくてもいいけど、母親の代わりはほかにいないよ」という言葉は胸にささりました。

そんな体験が、私の人生を決めたといってもいいでしょう。

専業主婦はもちろん立派な〝仕事〟です。でも、社会で働きたいのに辞めざるをえないのは悲しいこと。戦後世代は男女平等で育ってきたはずなのに、なぜ女性だけが「女はこうあるべき」と決めつけられてしまうのか。そんな女性を取り巻く環境改善に少しでも寄与したい……。やがて「婦人白書」編纂に携わったり、「待機児童ゼロ作戦」の予算獲得に奔走したりして、仕事を通じて改善に少しでも貢献できたことに感謝しています。

利他の生き方が実り多い豊かさにつながる

その一方で、職場の第一線から退いたとはいえ、地道に活動する女性たちも多くいました。主婦の視点で地域活動の担い手になり、安全な食べ物を求める活動や環境保全運動、子どもたちの絵本の読み聞かせ活動に取り組むなど、NPOやボランティア活動の担い手として活躍していた人たちです。

六年前、私は叔母が残した家を相続しました。叔母には子どもがいなかったからです。叔母の思い出が詰まった家なので処分はしたくない。「何か有効な使い方は」と思い、その家を地域のお年寄りのデイケアと子どもの保育施設にしていただきました。設立に当たって、改築の手配、自治体との補助金交渉など、面倒な雑事をすべて引き受けてくれたのが、私と同世代のNPOの女性。いまは同じ年代の人が集まり、運営してくださっています。

そんな体験もあって、還暦を過ぎた私たち世代に求められるのは、超高齢社会に向けて、人生後半期の生き方モデルを提示することだと確信しています。「これからの最大の関心は自分の健康と安穏な暮らし」と、社会とのかかわりより「悠々自適」を第一にする人もいます。

でもそれは、私にいわせれば〝利己的な〟生き方。「これから」はまだまだ長い。残りの人生を、健康と安穏な暮らしだけで充実させられるのでしょうか？　長年培ってきた人生の知恵と経験を社会に還元することこそが、晩年を輝かせる道。みんなと共生する「利他」の生き方が、実り多い豊かさにつながるのです。

二一世紀の超高齢社会は「支え合い」の社会です。血縁だけでなく、同じ志をもつ人たちが〝縁〟を紡ぎ合う社会です。そんな社会の形成に、私たち世代が培った知恵とキャリアという貴重な財産を生かさない手はありません。埋もれさせてしまってはもったいない……。

よく「女性の社会進出大歓迎」を唱えながら、自分の娘さんには「仕事もいいけど、そろそろ子どもは？」などという人がいます。孫の顔が見たいという気持ちはわかりますが、それでは自分と同じ道を歩かせることになってしまいます。

もしあなたがそんな立場にいたら、本気で腰を据えて、働こうとする娘さんを支えてあげてください。ワーキングマザーを応援し、子育てをサポートする社会の仕組みができれば、世の中は変わります。女性ばかりか、男性だって、もっともっと元気になれるはずです。

身近なボランティア入門のすすめ

働くお母さんの「時間」を援助

日本の「男女格差」は、「平等の度合い」という基準では、情けないことに世界一四五か国中一一〇番目(二〇一八年)。主要七か国中最下位です。日本で男女の賃金格差が大きいのは、女性の非正規社員の割合が増えている上に、非正規の女性の賃金は男性正規社員の約四割しかないことが影響しています。

昨今は、家庭にいた主婦が、ご主人の失業、病気や事故などのアクシデントに遭遇し、働きに出るケースが増えています。シングルマザーや、まだ子どもが小さい場合は、たちまち「子育てと仕事の両立」という難問に直面します。

私は「娘がワーキングマザーになったときこそ父母の出番」が持論ですが、それは必ずしも「金銭面の援助」ではありません。むしろ「時間の援助」。働く娘に代わってお孫さんの面倒を見て、娘がフルで働けるように助けてあげる。そんな形で娘を応援してあげてほしいのです。

とはいえ、実の親が近くにいるとは限りません。そこで実の親に代わって、ワーキングマザーを応援してあげるボランティアを、親世代は考えてほしいと思っています。

例えば元気な高齢者がワーキングマザーの子どもを預かる活動をしている団体などを探

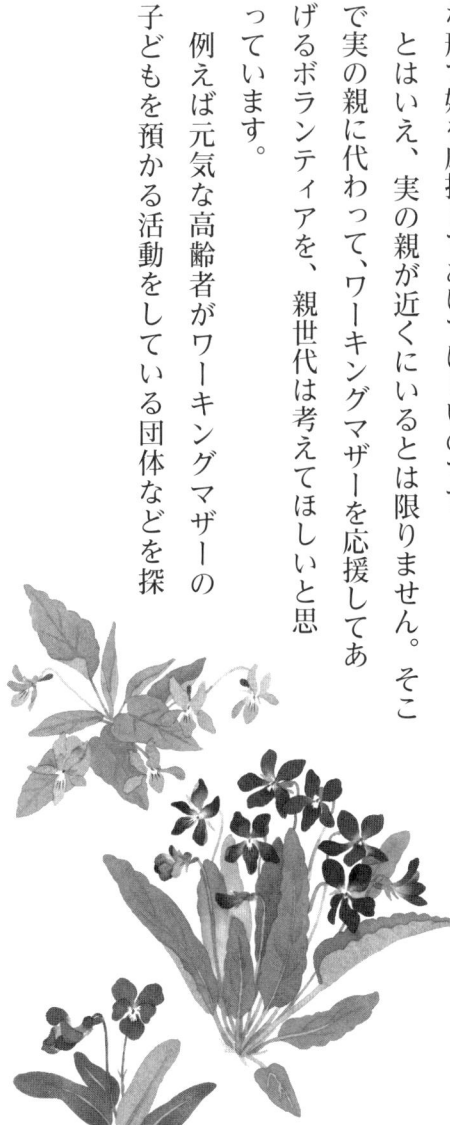

して、そこを手伝ってみましょう。団体は〝預かり賃〟をいただきますが、一般の保育所の費用より割安なことが多いので、働くお母さんにとっては助けになります。

小学生くらいの子が相手なら、預かる間に、料理や掃除の仕方を教えてあげる。花の育て方や手入れ法でもいいでしょう。そうした、ごく普通の体験をさせてあげることが、心豊かな子どもたちを育てます。

あるいは養護施設の子どもたちを月に一度、夕食に招く活動もあります。養護施設では一八歳になると施設を出て自活しなければならないのですが、その前に社会生活、家庭生活の体験をサポートしてあげる。そこで「大丈夫、みんながあなたを応援しているよ」というメッセージを伝えて、彼らを勇気づけるのです。

また私は、欧米の「オペアガール」制度が日本にもあったらいいのにと考えています。「オペア」は「無給」とか「住み込み」の意味で、留学する若者が一般家庭に住み込んで部屋や食事を提供してもらい、学業のかたわら、その家の高齢者や子どもの世話をするというもの。

日本でも同じように、空き部屋をもつ高齢者世帯が留学生をホームステイさせて、代わりにお手伝いをしてもらえばいいのですが、残念ながら抵抗が大きいのも事実です。例えば一人暮らしでも、信頼できる若い子がそばにいてくれれば安全だし、安心です。いっしょに散歩してもらえるだけで健康にも役立つし、交流して異文化に触れれば、気持ちも若返ります。留学生は日本語を勉強したい、使いたいと思っていますから、外国語ができなくても大丈夫です。

ホームステイのように長期間預かるのが大変なら、月に一〜二度、留学生を招いての食事会やお茶会を開く。これなら比較的気軽にできます。この形で日本、外国を問わず、若い人たちとの〝交流の輪〟を広げていく。年代・国籍を超えた友だちがいるのは、楽しいものです。

とはいえ、そういうボランティアをしたくても、どうしたらいいかわからないという声もあります。「もしトラブルがあったら？」という不安もつきまといます。

そこで、近くにある大学や、地域の国際交流協会など、国際交流活動をしている機関に仲介してもらいましょう。各国の大使館に相談するのもいいのですが、この場合は比較的小さな国のほうが喜ばれそうです。

女性ならではのキャリアを生かせる道

ただし、ボランティアをする際に覚えていてほしいのは、「大変なことは長続きしない」ということ。「高齢者のお世話をしたいと思って始めたが、思ったより大変で気が滅入ってしまった」という人も少なくありません。ですから、まずは「遊びに毛が生えた程度のつもり」で始めてみること。週に半日だけでも、十分に喜ばれます。

私は、「美容院を経営していたが、お客が減って店をたたもうと思うけれど、空しくてたまりません」という相談を受けたことがあります。

そこで、「例えば老人介護施設で、お年寄りの髪をきれいに整えてあげたり、養護施設の子どもたちにおしゃれをさせてあげれば、とても喜ばれるはずですよ」とアドバイスしました。

美容師さんに限らず、保育士や給食作業に従事していた人なら地域で「子ども食堂」を行うなど、女性ならではのキャリアを生かせる道はたくさんあります。学校の先生や司書経験者なら、子どもたちの学習の手助けや、読み聞かせ活動もできます。絵画や音楽の心得がある方なら、それを教えてあげてください。専業主婦であれば〝家事のプロ〟。困っている人の日常生活全般を助ける「技」は、誰にも負けないはずでしょう。

祖父母はワーキングマザーのサポートを

できることを、できる範囲で

ありがたいことに、私は周りの人たちに支えられ、ずっと仕事と子育てを両立させながら生きてきました。

私には娘が二人いるのですが、「母親が家庭にいないと心がゆがむわよ」「さびしがってるわよ」「子どもの将来は大丈夫?」などと、忠告めいた〝雑音〟を聞かされ、不安が募ったこともあります。でもうれしいことに、娘二人とも、ワーキングマザーとして仕事をしています。

働きながら子どもを育てることができたのは、実の母に助けられたからです。上の娘がまだ小さい頃から、母は折にふれて郷里の富山から駆けつけてくれ、そして父が亡くなり、下の娘が生まれたのを機に東京に移り、九二歳で亡くなるまでの二〇年間、孫たちの面倒を見てくれました。

いまでも娘たちは、「おばあちゃんといっしょに暮らせて、とても幸せだった」といってくれます。

そんな娘たちも母親になり、二〇一八年現在、長女の子どもは中学二年生と小

学五年生。あまり手がかからなくなりましたが、二女のほうの子どもはまだ六歳と四歳と二歳。両親とも医師として忙しく働いており、日中は保育所です。朝は娘むこが送り、夜は娘が迎えに行くのですが、週に一回だけは両親とも手が空かず、〝万障繰り合わせて〟私が孫を迎えに行きます。

母と同じように、私も娘たちを助ける気持ちはありますが、いっしょに住んで全面的にサポートしてくれた母に比べ、できる範囲が狭いのです。「もっと手伝ったほうがいいかな」と思う半面、「予定が合えば……」程度に制御して、あまり深入りしないことにしています。

というのは、夫婦の問題は夫婦で解決するのがいちばんだと思うからです。ですから深入りはせず、頼まれたことをできるだけやるようにしています。できないときは「ごめんね」。おかげで娘は「お母さんがいなかったら、二人目は産めなかったわ」と、いってくれています。

娘と嫁、どちらも同等に応援

いま、定年退職してゆとりができた夫婦が、働く子ども夫婦を助けて「孫育て」をするケースが増えています。でも、えてして自分の娘のＳＯＳは快く引き受けるのに、お嫁さんから「働きたいのでよろしくお願いします」といわれると、釈然としない人が多いようです。

それではいけません。お嫁さんも出産後も仕事が続けられるように、早くから「子育てを助けるから安心して」と、サポーター宣言をしてください。お嫁さんが心置きなく働くことができれば家計も安定し、嫁姑関係も、息子さんたち夫婦の関係も円満になります。それが自分たちばかりでなく、子どもたちのためにもなり、ひいては日本社会のためにもなるのです。

「孫育て」といっても〝全力投球〟で親の代わりをしようとは考えないこと。子育ては長丁場なので、お互いが無理をすれば、どこかにひずみが生じてきます。自分ができるスタンスをよく考えて、「できることを、できるときに、できる範囲で」することです。例えば私がよくするのは、「今晩は私が見てあげるから、たまにはゆっくり食事やショッピングをしてきなさい」と、若い夫婦に「時間」をあげること。子育てに追われ、毎日息せき切って「帰らなければ」と義務感にかられると、行き詰まってしまいます。でもたまに一日、ゆったりすれば、リフレッシュできます。

幸いわが家は、母のおかげで娘たちは順調に育ちました。しかし、時としてちょっとした「ボタンの掛け違い」によって子どもの心が傷つき、それが「引きこもり」や「ニート」につながるケースもあります。原因はさまざまです。しかも子どもが成長してしまってからでは、考え方を修正するのは容易ではありません。そこで幼い頃から目を配り、〝おやっ〟ということがあったら、小さなうちに芽を摘んでおくことが大事です。

肝心なのはコミュニケーション。といっても、改まって「さあ、会話しよう」というものではなく、いっしょに買い物や料理、家の片づけなどをする間の、何気ない会話を大切にすることから生まれてきます。

私の場合は、娘ということもあり、よく親子で料理をしました。いやがるのを引っ張って山に登ったり、ときたま海外旅行にも連れて行きました。海外でいつもと違った緊張感に置かれると、親子の連帯感が強まります。

祖父母の孫育ての場合は、お孫さんにちょっとした用事を頼む、というのはいかがでしょうか。いっしょに料理するだけでなく、重いものを運んでもらったり、電球を替えてもらう合間に話をし、コミュニケーションをはかる。そんな小さなことが、息子や娘たちの親世代を助ける手足になり、孫世代を見守る眼につながっていくはずです。

夫婦、家族、友人と良好な関係を築くための秘訣

Part 3

夫婦、家族、友人と良好な関係を築くための秘訣

夫婦関係こそ「人間距離」が必要

「つかず離れず」が長続きの秘訣

「ヤマアラシのジレンマ」という心理学のたとえ話があります。ヤマアラシは外敵から身を守るために背中に鋭いトゲがあり、二匹が近づき過ぎると、お互いのトゲで傷つけ合ってしまいます。でも遠ざかり過ぎると寒いし寂しい。そのジレンマを克服する方法が〝つかず離れず〟の距離を保つこと。これが「人間距離《じんかんきょり》」

です。

それでは、よりよい夫婦関係を築くための人間距離を考えてみましょう。

「恋は盲目」とよくいいますが、恋するときに理想とするのは、二人がまるで一心同体のように、いつでもいっしょにいて、協力して困難や障害を乗り越えていく姿。

でも残念なことに「恋の寿命は四年間」なのだそうです。これは人間ではなく類人猿を研究対象にアメリカの文化人類学者が提唱した説ですが、多くの場合、やがて恋の熱情は色あせていくのです。

でも人間は恋の熱が冷めたあとも、パートナーや親友として、お互いに協力し合う関係を保つ知恵を備えています。それが「結婚」という形態。

とはいえ独立した人間同士ですから、やがて考え方

の違いが明らかになったり、相手に求めるものが違ったりしてきます。とくに子育てが一段落して、子どもという〝緩衝材〟がいなくなると、相手の弱点がよく見えてくるもの。不満がたまって、最悪の場合は「熟年離婚」に至るケースもあります。そこでお互い仲良くするために不可欠なのが、適度な人間距離なのです。

人間距離の取り方で大切なのは、「高過ぎる期待はしない」こと。冷静に相手を分析できれば、そんなに高望みしなくなります。いい点と悪い点を観察した上で「これくらいなら、まあいいいか」と適度に妥協することです。

第二は会社や仕事、友人関係など、相手の世界に深入りしないこと。「あなたはあなた、私は私」のスタンスを取りながら、愚痴をこぼされたときだけ、「うんうん」と聞いてあげるのです。

つまり、同心円のようにぴったり重なるのではなく、お互いの異なる円が一部で重なる形。「つかず離れず」の気持ちが、長続きの秘訣だと私は思います。

波風立てずに暮らせるのは幸せ

年齢を重ねると、夫婦間に深刻な事態が発生することもあります。将来、例えばパートナーに病気や認知症などの兆候が出てきたとしたら……。でもこんな場合でも、適度な「つかず離れず」が大切です。「老老介護」は予想をはるかに超える過酷なもの。だから一人で抱え込もうとせずに専門の施設を探すこと。公的な機関や専門家やシルバーサービスにお願いできることは、できるだけ活用する。それが夫婦共倒れを防ぐ方法です。

経済的負担は増えますが、専門家や施設に実際のケアを託し、あなたは精神的に相手を支える。そんな距離の取り方、関係性があってもいいのです。

いまの日本社会では、介護の負担は家族が担わなければなりません。「家族だから当たり前」という風潮が強く、介護者は否応なく「家族の責任」を押しつけられています。でも毎日繰り返される介護の重圧に押しつぶされないためには、強い意志をもって自分なりのやり方を工夫するしかありません。情報収集して、いい施設に預けるのも、十分、家族としての責任を果たす行為です。素人が抱え込むよりプロに任せたほうが、本人のためにもいい点もあります。

老老介護においても、妻が面倒を見る場合はまだしも、夫が介護者であるケースが問題。覚悟もノウハウもないことが多く、パニックに陥ってしまうのです。もしも介護する立場になったら、親族や周囲にＳＯＳを発信し続けていくのも大事なこと。いざというときにいきなり助けを求めても、すぐに助けを得られるとは限りません。

こうしたことを回避するためにも、普段から、必要なときに助けてもらう体制を整えておくのも必要です。例えば何かをしてもらったら、必ずお礼をする。あるいは、できるだけ他人の手助けをする。助けた相手が必ずお返しをしてくれるとは限りませんが、自分ができることをしていれば、回りまわって、必ず助けてくれる人が現れるものです。

それは新しいネットワーク作りにもつながります。家庭の枠を超えて友だちや社会とつながれば、自分の世界が広がっていきます。

夫婦関係は「こうでなければ」ということはありません。いっしょに暮らす中で、「このくらいがちょうどいい」という、それぞれが納得できる形で、波風立たないようなスタイルを作り上げていけばいいのです。

波風立てずに仲良く暮らせるのは幸せなこと。お互いが相手を必要としているということです。相手を尊重し、仲良く暮らし続けるためにも、適度な人間距離の取り方を工夫したいものです。

上手な「人間距離」が円満な関係を築く

「嫌われるのが怖い」症候群が蔓延

ほどほどの「人間距離《じんかんきょり》」は、人によっても関係性によっても違います。自分は親密でいい関係だと思っていても、相手にとっては〝余計なお世話〟だったり、反対に物足りないと感じる場合もあります。

適切な人間距離は、相手の立場を理解し、思いやることから生まれます。相手

の心の痛みに気づいたとしても、相手が求めてくるまでは深入りしない。そして相手の様子を慮《おもんぱか》って手を差し伸べる。これが本当の「やさしさ」というものです。

友人が自分の期待通りに振る舞ってくれない、気に障る言動があるという場合は、「それが気に入らない」「嫌だ」と相手に率直にいうより、グッと言葉を飲み込みましょう。しばらく距離を置いているうちに、気にならなくなります。

これまで日本での友人関係は、「なんでもいえる」「友だちであれば、何もかもわかり合っていなければ……」という濃密な関係がよしとされてきました。でもそれは束縛と紙一重で、近づき過ぎると傷つくことも多くなります。「深入りせずにほどほどに」というのも、一つの生き方です。

もちろん、ときには濃密な人間関係が必要なときもあります。相手が苦境に立って、助けを求めてきたときは、できるだけ手を差し伸べましょう。

よく「人に迷惑をかけてはいけない」といいます。「迷惑」の中には、人の心に立ち入ることも含まれているのかもしれません。でも、程度は異なりますが、人間は、多かれ少なかれ、人に迷惑をかけながら生きています。本当の「友情」とは「もしかしたら迷惑をかけるかもしれないけれど、赦《ゆる》してね」「大丈夫よ。私も、迷惑をかけることがあるかもしれないから」という〝赦し合い〟の上に成り立つものなのです。

大事なことは、お互いが顔色をうかがい合う関係ではなく、そんな〝赦し合い〟ができる関係をつくること。そして、必要なときは遠慮なく助けを求めることができる関係です。

でも特定の友人だけが集まる狭い世界では、このメカニズムが働きにくい。お互いに依存する関係から脱け出せないのです。そこで、いつもの顔ぶれとは別の新しい仲間を見つけていくこと。趣味やボランティアなどの別のグループで世界を広げていくのです。一人の親友にもたれるより、つかず離れずの何人かの友人をもちましょう。

ただし自分がそうであるように、相手の別の世界も受け入れること。「お互いさま」の気持ちが大事です。自分のことは棚に上げて、「最近、冷たいわね」などと嫉妬しないように。

子どもとの関係でも同じです。子どもは三～四歳になったら、少しずつ親離れして別の世界をもつ必要があります。それが成長というもの。親も「子どもにべったり」の関係から少しずつ別の世界をもつ。子どもの世話を焼き過ぎず、子どもが親に頼らないで生活できるスキルと心構えを身につけさせて、子どもの世界を広げていく。これも親ができることではないでしょうか？

自分の中の優先順位を大切にする

最近、「子どもの結婚相手の親とどう付き合えばいいですか？」という相談を受けました。両家の〝文化摩擦〟でしょうか、関係がぎくしゃくしているそうなのです。

結論からいえば「うまくいかなくて当然」と考えること。長い間、培ってきたそれぞれの家風が存在しているのですから、生き方や価値観が違って当たり前。〝ピッタシカンカン〟なんてはずがない。「まあ、それもありか」で過ごすのがいちばんです。子ども同士がうまくいっても、両家の親同士がうまくいくケースはレアです。

さりげなく相手の趣味を聞き出して、プレゼントで懐柔するという作戦もありますが、そんな〝さりげなさ〟を発揮するのは、かなりの人付き合いの達人でないと難しい。

いいのです、無理して付き合わなくても。結果として両家の間がギクシャクしたとしても、子どもたち夫婦の関係が壊れるわけではありません。子どもたちを巻き込まないよう、距離を置いておけばよいのです。

大切なのは自分の中の優先順位です。優先順位が高い相手には、無理してでも気配りするべきですが、それほどでもないなら、無理する必要はありません。

ただし、そのときに大事なのは決して「うまく付き合えない私がいけないのかしら」と自分を責めないことです。「うまくできなくても仕方ない」と自分を許しましょう。そんなふうに気楽に考えないと、家族や親類との関係がプレッシャーとなり、ますます気持ちが落ち込んでしまいます。つかず離れず、必要最小限のお付き合いで十分です。

「死後離婚」を防ぐために

妻の恨み、つらみが積もっていくと……

最近、マスコミなどでよく取り上げられる「死後離婚」は〝配偶者を亡くしたあとまで、親族に負担をかけられるのはいや〟という女性の気持ちの表れです。

とくに〝長男の嫁〟の場合、「家事をやって当たり前」「親の面倒を見るのは当たり前」となりがち。やる側の気持ちにまで目が向きません。でも〝嫁〟にしてみれば、結婚相手はあくまで夫、その家族の面倒を見るためにいっしょになったわけではないのです。それなのに夫の死後も、夫の親の家事や介護をして当然のように扱われる。思い悩んだ結果、「死後離婚」を決断するというわけです。

「死後離婚」は、現実にはまだ少数でしょう。でもこれは「氷山の一角」で、「潜在予備軍」はかなりの数にのぼると、私は考えています。「熟年離婚予備軍」と言い替えてもいいかもしれません。

「死後離婚」「熟年離婚」の当事者は、主として六〇〜七〇歳前後の世代。戦後民主主義教育を受けた人たちだから進歩的かと思いきや、現実は「男は仕事、女は家庭」と、生活スタイルは保守的。その中核である団塊世代は「専業主婦が史上最も多い」世代なのです。一九七五年、彼らが二〇代後半になって「結婚・子育て」にさしかかった時点の統計です。

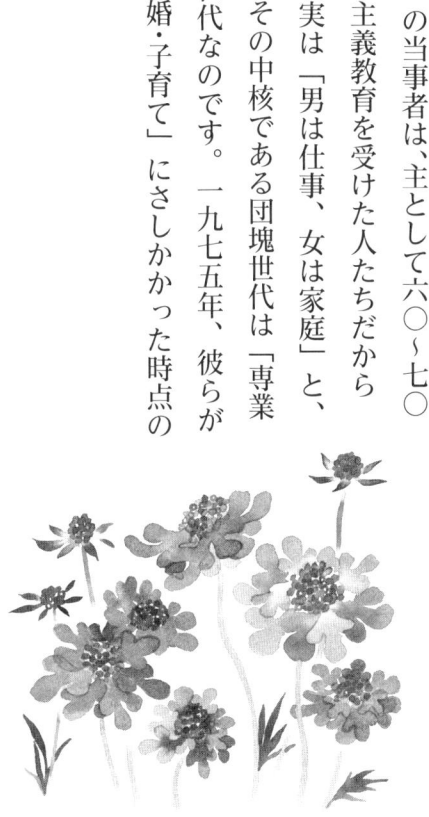

団塊世代が社会に出た頃は、日本が高度成長真っ最中の時代。学生時代の〝友だち夫婦像〟は一転し、男性は企業戦士になり、家事や子育ては女性の仕事になりました。でも妻が家庭で助けを求めているとき、夫は仕事を理由に〝家庭から逃走〟してしまいました。すると妻の「恨み」「つらみ」が積もって、次第に家庭内は冷え切っていく……、そんなご家庭は少なくないはずです。

ですから夫が定年を迎え、「苦労をかけた女房と旅行でも行こう」と思っても、「亭主となんて迷惑」と、冷たく突き放されてしまうのです。「熟年離婚も考えたけれど、結局、できずに……。夫がいなくなってやっと楽になったと思ったら、今度は両親の世話。もうこれ以上はNO」というのが「死後離婚」の真相です。

そこで男性に問いかけたい。あなたは、そういう状況に気づいていますか？「妻がそんな不満をもつなんてわがままだ」と考えていませんか？と。

夫が考える〝普通〟と、妻が考える〝こうあってほしい姿〟にはギャップがあります。放置しておくと「熟年離婚」や「死後離婚」につながってしまうのです。

定年後は「家事シェア」を実践

誰も「死後離婚」なんてトラブルを招きたくないし、「熟年離婚」も避けたいはず。そこで「定年」を機に、今後の夫婦関係を見直すことが大切。ライフステージが変わって新しい生活形態に踏み出す「定年期」は、そのいい機会です。

「夫源病《ふげんびょう》」という言葉があります。定年で、いままで外にいた夫が毎日家にいるようになると、妻に大きなストレスがかかることが多いようです。そこで最低限のルールを取り決めるのです。例えば「夫は昼食は外でとる」「夕食も週に何度かは外食にする」などで、妻の負担を減らす。

同時に「家事シェア」も考えてください。ある住宅メーカーは、「妻が毎日がんばっているのに、夫が家事だと認識していない」ものを「名もなき家事」と命名しています（二〇一七年七月一四日朝日新聞広告欄）。

●たまったゴミを捨てる　●アイロンがけをする　●食事の献立を考える
●ベッドや布団を整える　●飲みっぱなしのグラスを片づける
●調味料を補充・交換する　●ゴミを分類する　●残った食品を冷蔵庫にしまう
●食事の前に食卓をふく　●トイレットペーパーがなくなったときに買いに行く

これらはどれも「名もなき家事」。しかし男だって、やる気になれば、すぐにできるものばかり。〝そんな小さなこと〟と思うかもしれませんが、それに気づかないと「毎日、その面倒を見ているのは誰よ！」と、妻の不満が高まっていくのです。

そして同社は「料理・洗濯・掃除だけではなく、家事の多くは、散らかったものを元に片づけるなど、マイナスをゼロに戻す地道な作業」と定義しています。「散らかったものを元に片づける」というのは、突き詰めれば「自分の片づけは自分でする」ということ。これが「分け合う＝シェア」の考え方です。夫が、自分のことは自分ですれば、妻の負担が減り、「案外、いいところがあるのね」と、見直してくれるかもしれません。

古代インドの思想では、人間の人生を「四住期」(「学生期《がくしょう》=学ぶ時期」「家住《かじゅう》期=全力で仕事や育児に取り組む」「林住《りんじゅう》期=現役から引退して社会で生きる」「遊行《ゆぎょう》期=死への旅立ちの準備をする」)として四つの区分で考えていますが、私はそれに「心住《しんじゅう》期」を加えたいと思います。自分が亡くなったあと、遺された家族や友人が、自分を思い出してくれる時期です。例えば、母はいまも私の心に住んでいます。

夫の場合、定年前は仕事ばかりで家庭を顧みなかった姿が家族に焼き付いているかもしれません。でも定年後、家事をシェアして暮らせば、「優しく気遣いのできる温かい人だったわ」という印象が、それに加わるかもしれません。

「家事シェア」はほんの一例です。男性でも女性でも、ほんのちょっとしたことに目覚めれば、いまよりちょっとだけ〝いい自分になれる〟のです。そんな小さなことから自分を変えていけば、残りの夫婦関係は、穏やかで豊かなものになっていくのではないかと、私は思います。

夫亡きあとの、舅姑との付き合い方

以心伝心はトラブルのもと

「死後離婚」の当事者である六〇～七〇代女性を取り巻く周囲の意識は「お嫁に来たら家族の一員。息子の死後も親の面倒を見るのは当たり前」というものです。戦前の家父長制度のもとでは、夫が死んでも、家長の許しがない限り離籍できず、再婚もままなりませんでした。いまはそんな制度はなくなりましたが、まだ地方では、その意識が根強く残っているようです。残された嫁が舅《しゅうと》・姑《しゅうとめ》を介護する法的義務はないのですが、理屈通りにはいかないのです。

もちろん、ご主人亡きあとも、仲良くいっしょに暮らしている例は少なくありません。「義理の両親にはこれまでよくしてもらったから、最後まで面倒見ます」というケースもあります。その半面、「もうこれ以上はごめんです」というケースも多いようです。

同居の妨げになるのは、舅・姑側の意識。「嫁が自分たちの世話をするのは当たり前」という〝甘え〟が度を過ぎると、嫁側の忍耐を超えてしまうのです。舅・姑の立場からすれば、できれば面倒を見てほしいのが本心。実の息子はもういないし、ほかに子どもがいたとしても、よそにいる場合が多いからです。嫁の苦労もわかるので、「嫁に家屋敷、財産を残してやろうと思ってるんだけ

ど……」という気持ちもあるのです。

でもそれが実行された例は多くありません。財産相続が現実問題になってくると、普段は親の世話などしない息子や娘が「血のつながり」を理由に、お嫁さんへの財産分与を快く思わないから。民法上、子どもの配偶者には相続権がなく、一所懸命、世話をしたとしても、財産は分与されません。もらえるのは「いままでありがとうね」の言葉くらいです……。

そこで、舅・姑が息子の死後も世話をしてもらいたければ、早めに「財産の一部をお嫁さんに遺す」と、遺言書を作成しておくこと。そんな気持ちがわかれば、お嫁さんも気持ちよく世話をしてくれるはずです。「義務がないのに世話してくれるなんて、なんてありがたい」と、感謝の気持ちをきちんと形で表しましょう。

遺言書の話を出すと「生前にお金の話なんて」という声や、〝財産を盗られる〟立場の実の娘や息子からの反発もあります。これは日本人の悪い癖。「以心伝心」はトラブルのもと。ナアナアですまそうとする人に、同居を願う資格はありません。

「いい人」「いい嫁」の評価はもろいもの

次に、「介護」する立場の嫁の視点で考えてみましょう。介護は、とくに認知症の有無で困難度がまったく違ってきます。とくに認知症が進んで実の子どもの顔もわからないようになると、「あんなにしっかりしていたのに……」と家族は落胆します。だから「介護は血がつながっていない人のほうがいい」とよくいわれます。事務的に〝淡々とこなせる〟からだそうです。

だから、「これ以上は無理」という日が来たら、思い切って専門家にゆだねること。介護のプロが個人個人に合った技術を施すことで、受ける側も安心するのです。

じつは「これ以上は無理」を予兆する「一定のライン」があります。民生委員を務めている友人によると、「生活マネジメント能力」があるかどうかが判断基準になるといいます。

「家事」というと、多くの人は炊事・洗濯を思い浮かべますが、意外にもこれらは、なんとかなるそう。食事はコンビニもあるし、洗濯はコインランドリーが味方してくれます。いちばん大変なのは、日々大量に送りつけられるダイレクトメールをチェックして、中から大事なものを見つけ出し、きちんと手続きすること。この「生活マネジメント能力」が怪しくなったら、早めに施設を探したほうがいいそうです。そして、とくに男性の一人暮らしに多いそうですが、買い物の包装など部屋中にゴミが散乱して足の踏み場もなくなったり、食べかけのものをちゃんと捨てられなくなったりする。こうしてゴミ屋敷のようになってきたら、〝ライン越え〟の危険信号だそうです。

同居の場合はここまで悲惨な状態にはならないと思いますが、でも予兆をとらえることはできます。そんな場合、嫁は、ちゃんとした施設に入れるように筋道を立ててあげてください。施設入居の決断は、自分ではなかなかできません。とくに男性の場合は、まず自分から行こうとはしない。ズルズルとなってライン越えしてしまわないように、背中を押してあげる役割の人が必要です。するとまたここで「そんなことをすると、親族から非難されるのでは」というためらいが生じます。

でも、そんなに積極的に口を出す親族がいるのなら、その人と相談して決めればいいのです。本当は相手が引き受けてくれればいいのですが、ほとんどの場合、「このままにしておけばいい。よろしくね」と下駄を預けられるのが関の山。「代わりに私が面倒を見ます」という人は、めったにいません。

「周りからいい子に思われたい」と思わないことです。「いい人」「いい嫁」の評価なんて、ちょっとしたことで逆転してしまうもの。どれだけ懸命に世話をしても、施設の話を口に出しただけで、「冷たい嫁ね」「施設に追い出す気なんだわ」なんて陰口をたたかれるかもしれません。

でもそんなことに気を惑わせず、「こうすべき」と思ったなら、それを通すこと。それが結局、舅・姑のためでもあるし、自分のためにもなるのですから。

家族、友人関係は〝適度な距離〟を保つ

親しい間柄でも、しがみつくのはダメ

夫婦や親子でも、対立したり批判し合う関係もあれば、尊重と思いやりのある関係もあります。

私が思うに「夫婦だから」「親子だから」という甘えがあると、とかくいさかいが多いようです。「家族なんだから、愛しているんだから、なんでもわかってくれ

るはずなのに」と無意識に相手に期待してしまうからです。

反対に「家族でもそれぞれの人生がある」と距離を置く家庭は、むしろ円満なようです。相手に期待し過ぎると、満足できなくなってしまいますが、相手への要求水準が低ければ、少し優しくしてもらえると、ありがとうの気持ちが芽生えます。

家族でもそうなのですから、友だちとの関係にも多くを求めないようにしましょう。「いくら親しい間柄でも、しがみつくのはダメ」なのです。冷たいようですが、これが、友人関係を長続きさせる秘訣です。
長年、付き合いを続けてきて、共感できて分かり合える相手がいるとしたら、それはすばらしいことです。でも、何から何まで〝ぴったり〟ということはありえません。

時として、同感できないこと、考え方の違いがあるのは当然です。人間はそれぞれ、趣味も嗜好も違うので、そんなすれ違いは当たり前です。「すれ違うのが当然」と思っていれば、たまたま気持ちが通じたときに、うれしさが倍増するはずです。

またいくら親しくても、いつもいっしょだと、不自由なときもあります。適度な距離を置いて付き合うことが大事です。

もちろん、お互いの気持ちがぴったり重なるときもあります。そんなときは「ありがとう」「うれしい」と、素直に感謝の気持ちを伝えましょう。そうすれば相手も喜び、お互いの気持ちがぴったり合うチャンスが、ますます増えることでしょう。

友だち付き合いにおいては「貸したお金は忘れないが、借りたお金は忘れるもの」という原則を忘れないことも大切です。人間は、自分が与えた親切は忘れませんが、人から受けた親切は忘れてしまいがちです。友人に限らず、いい人間関係を築きたければ、絶えず「受けた親切」を心にとめておき、そのお返しをすることです。

「ソフトネットワーク」づくりを心掛ける

年齢を重ねていくと、環境が変わったり、亡くなったりして、古くからの友だちは減っていきます。「いまさら新しい友人はつくれない」と思わず、人が集まる場に積極的に顔を出しましょう。趣味の会でもいいですし、講演会や講習会にも足を運びましょう。なじみのない場にまめに顔を出さなければ、新しい人に出会うことはできません。

そして顔を出したら、決して「つまらない」なんて顔をしないで、楽しんでいるように振る舞いましょう。できれば、会の中で自分ができることを引き受けるといいでしょう。とくに会計担当など、敬遠する人が多い役回りを引き受ければ、「あの人、いいところがあるわね」と評価が高まり、スムーズに友だちの輪に入れます。

これからの暮らしには、そんな「ソフトネットワーク」をつくっておくことが大事です。そうした柔らかい人間関係を基礎にしたいものです。

もっと親密な友だちをつくりたいのであれば、ちょっとしたプレゼントなどで感謝の気持ちを示すこと。小さなお菓子や果物などをおすそ分けする。「それ、いいわね」と自分の持ち物をほめられたら、「気に入ったのならどうぞ」と、気前よく差し上げましょう。

昔の中産階級のご婦人は「ポチ袋」を持ち歩いて、世話になった人にちょっとした心づけを渡していました。お世話になったら心づけを渡す、若い人と食事をしたら、少し余分に支払いをする。それが年長者のたしなみというものです。

前述したように、古代インドの教えでは、晩年を「遊行期」と規定しています。

一切の煩悩を捨てて「こだわらない」「縛られない」「執着しない」という境地に達することです。

「お金に執着しない、人間関係に縛られない、モノにこだわらない」というのは「ソフトネットワーク」の精神そのもので、人生後半期の「黄金ルール」です。

こんな形で、家族や友人と適度な距離を保ちながら生きていくことは、いま与えられた時間を大事にすることでもあり、感謝しながら生きることにもつながります。そして、そこで生きがいを見つけたり、あるいは目標の達成に向けて努力することが、幸せにつながります。

ちなみに、今後の私の「生きがい」は、やはり「表現すること」です。でも単に表現するだけでなく、「なんのために、これをやるべきか」と意味を問いかけ、行動につながる言葉を紡ぎたいと願っています。

そしてできれば、若い人にそれを伝えていきたいと思っています。それが私が生きてきた証なのです……。

人生一〇〇年時代、「友だちをつくること」が大事

「有形資産」と「無形資産」とは

「人生一〇〇年時代」「長寿社会の到来」という言葉をよく聞きます。しかし頭では理解していても、それが自分にどんな影響を及ぼすかはよくわかっていない、というのが現状ではないでしょうか。「人生一〇〇年時代」では、これまでとは「老い」の概念が変わります。

例えば、いま七五歳からは「後期高齢者」と呼ばれます。「後期」の響きからは〝もうそろそろ〟という意味合いが感じられますが、一〇〇歳までまだ二五年もあります。「老い先短い」なんて、とんでもないし、「晩年」もまだまだ先の話なのです。

私自身は「古稀」です。これは中国唐代の詩人・杜甫《とほ》の言葉ですが、いまの時代、七〇歳は「古来、稀なり」どころか、「まだまだこれから」という年齢。それなのに「もう年だから」とか「いまさらもう……」と、しり込みしたり、億劫がる人が多いのです。

でも、いま〝バッテリーチャージ〟しないと、人生一〇〇年時代を乗り切ることができないかもしれません。

「自分は一〇〇歳まで生きられない」と感じるかも

しれません。でも、現実に一〇〇歳以上の人は増えています。だとしたら、最後まで健康的に若々しく生きたいと思うのは自然なこと。すると定年後の生活だけでなく、人生そのものを設計し直さなければなりません。

これまでの人生モデルは、「教育を受けて成長する期間」「働いて家族を養う期間」「引退してからの期間」という三つのステージから成り立っていました。長寿社会でもこの構造自体は変わりませんが、寿命の伸びに伴い、七〇代、八〇代まで働くのが一般的で、「生涯現役」も当たり前になっていきそうです。

もちろん「生涯現役」は、金銭などの「有形資産」を蓄えることにつながります。これが老後資金の余裕を生み、経済的に豊かな老後の礎になります。

「有形資産」を蓄えるという面だけでなく、人間は本来、なんらかの形で〝働きたい〟生き物だと思っています。報酬の多寡にかかわらず、地域活動やボランティア活動などを通じて社会参加をしていくこと、それも立派な「生涯現役」の生き方です。

だから私は、この時期を有意義に過ごすために「無形資産」を蓄え、磨くことをおすすめします。「無形資産」とは「健康」「家族関係」「人間関係」「人生に取り組む姿勢」などといった「見えない資産」のことです。

その中でも「健康」がいちばん大事。健康不安は人生の大きなリスク要因となるだけでなく、健康であるか否かが「見た目」ともつながっているからです。『人は見た目が９割』という本がありますが、見た目が〝そこそこ〟なら、他人も親近感をもってくれます。でも見た目が悪いと敬遠されがちで、人間関係も狭くなってしまいます。

しかも、その「見た目」とは容姿だけでなく、健康な肉体と精神が醸し出す「元気」でもあります。何に対しても積極的に取り組む姿勢が、「見た目」の最大のメンテナンス方法なのです。

終活より、今の生活を優先する

同じように「いい人間関係を築くこと」「友だちをつくること」も大事な無形資産。いい友だちに恵まれるかどうかで、人生の色彩が違ってくるはずです。

そこで、もし「友だちが少なくてさみしい」と感じている方がいるのなら、少しアドバイスしておきましょう。友だちづくりの第一歩は、「自分の評判を上げるように努力すること」です。例えば、仕事や活動をいっしょにする場合、さりげなく相手を助けたり、フォローすると「あの人は温かくて気持ちがいい」などと好感をもたれ、評判が上がります。

でも、初めから「人目を引きたい」とか「尊敬されたい」などと考えてはいけません。スタンドプレーは反発を招くだけなので、むしろ陰日向なく、何事にも嫌がらずに取り組むこと。するとやがて人望が集まり、友人が増えていきます。

また年齢を重ねていくと、「断捨離」や「終活」などが頭をよぎるかもしれませんが、それらは「いよいよ」と感じてからでも十分間に合います。それよりも、残りの人生をいかに充実させて生きるかのほうが大事。「終活より生活」の精神です。

新しいことにチャレンジするのもいいでしょう。「人間が何かをマスターするのに必要な時間は一万時間」といわれます。「一万時間」とは途方もない時間ですが、仮に毎日三時間と計算すれば三三三三日で、約一〇年。毎日二時間するのなら約一五年間で達成できるのです。「これから一〇年、一五年」なら、まだまだ時間はあります。語学でも専門的な学問でも音楽でも、スタートを切るのに遅いということはありません。

こんな形で、新しいことにチャレンジし、貪欲に吸収する姿勢をもつこと。そうして充電したエネルギーが、自分の世界を広げ、人生を豊かにし、充実した日々の糧をもたらしてくれるはずです。

親の老後を豊かにする、子どものキャリア支援

生涯現役で生きると決意する

豊かな老いを支えるには「有形資産」と「無形資産」が必要と前述しました。「有形資産」とは、老後を支えるお金や住宅など。「無形資産」は「健康」「家族関係」「人間関係」「変化に取り組む姿勢」などの「見えない資産」です。

「有形資産」については、「定年後の人生は長い。年金だけで生活できるだろう

か？　老後資金は大丈夫だろうか？」と不安になるかもしれません。でも、生活を切り詰めて貯金を取りくずすのは、消極的過ぎます。そうかといって「ワンルームマンション投資」や「高額利回り商品」などの「投資話」はあまりにもリスクが大きい。

いちばんのおすすめは、「生涯現役で生きよう」と決意することです。もう一度働くことで経済的余裕が生まれるだけでなく、自分が培ってきたものを社会に還元でき、心に張りが生まれます。目的をもって生きることにもつながります。

例えば現役時代に〝手に職〟をもっていた人なら、それをまた社会に役立てましょう。高齢化社会で看護師、介護士などが求められているのに、これらはつねに人材不足です。高齢者の世話は、高齢者がするほうが適している分野もあります。フルタイムでなくとも、パ

ートタイムで短時間働くという方法もあります。

また「手に職がない」という人でも、自分の得意な分野でできることを考えて、シルバー人材センターに登録してみるといいと思います。いまは人手不足なので、贅沢をいわなければ、意外に働ける場所はあるはずです。

また私は、「生涯現役」と並ぶ有効な老後の生き方対策は「自分の子どもが働き続けられるようにサポートする」ことだと思います。子どもが病気やひきこもり、リストラで職を離れたりしたら、たちまち親に負担がのしかかり、「ゆとりある老後」の夢は雲散霧消します。とりわけ、娘さんが生涯働き続けることができるよう、力を貸してあげてください。これから人生一〇〇年時代を生きる若い世代は、女性が生涯を通じて社会的なキャリアを積んでいく必要があります。夫婦共働きも当たり前になるでしょう。

親は娘さんが、生きがいをもてる仕事を選べるように応援し、「子どもを育てながらでも働き続けられる」よう、支えてあげなければいけません。

私の娘は働きながら、三人の子育てをしているワーキングマザーなので、猫の手も借りたい状態です。娘が全部を一人で抱え込むのは不可能なので、私もできる範囲で手伝っています。「いざというとき」のバックアップがあれば、娘家族は経済的にも安定するし、〝万一のリスク〟も減ります。

ただし、できれば娘さんは、収入に応じて、毎月、いくばくかの〝謝金〟を支払うこと。そうすれば娘さんに甘えが生じるのを防げるし、祖父母の責任感も強くなります。こういう緊張関係が、かえって親子の間を緊密にするのです。

もちろん全面的なサポートが無理でも、例えば孫が保育所から戻る夕方から夜までの時間、面倒を見てあげるとか、急な発熱の際、保育園に引き取りに行くなど、出番はたくさんあります。〝適度な時間〟を孫と付き合うだけなら、祖父母も、それほど疲れずにすみます。

そして自分の「健康」に注意して、「要介護状態」になるのをできるだけ先延ばしにすること。「娘や息子の世話にはなりたくない」と思っても、なんの備えもしなければ、介護離職につながるなど、子どもの人生を狂わせてしまうことにもなりかねません。

人生経験を生かして社会の役に立ちたい

「生涯現役」の精神は「有形資産」だけでなく「無形資産」も充実させます。「無形資産」の大事な要素である「健康」に関しては、肉体面だけでなく、明晰で健康な脳を保つことが長寿の秘訣です。「生涯現役」の姿勢で社会にかかわり、いくつになっても体を動かし、脳をフル回転させていれば、機能の衰えが防げるだけでなく、記憶力や理解力を増進させる効果もあるそうです。

また「変化に対応しようとする姿勢」が大事です。人間は誰でも、人生の途上で新しい局面に挑まなければならないシーンが出現しますが、その変化にチャレンジする意欲をもつ人だけが人生を切り開いてゆけます。これは、いくつになっても同じ。「変化を恐れない姿勢」が人間を元気に活動的にさせ、悔いのない人生を送る源になるのです。

「でも、この年になって変えたくない、変わらなくていい」と臆病にならないでください。社会の一線を退いたあとたっぷり残された時間を、有効に使えるのは人生の贈り物です。

若い頃にやりたかったけれど、できなかった学問を学ぶのもいいし、新しいサークルに加入して、新鮮な刺激を受けるのもいいと思います。「変身しよう」という意欲があれば、新しい世界が築けます。

人生一〇〇年時代、健康であれば八〇歳でも九〇歳でも、働くことも学ぶこともできます。しかも人生経験が豊富な分、上手に生かして社会に役立てることができます。いくつになっても、〝新しいことにチャレンジ〟する意欲が、自分自身を豊かにしていくはずです。

輝く女性の「老い」の生かし方

Part 4

輝く女性の「老い」の生かし方

リタイア後は思い通りに生きられる「黄金期」

新しいことに取り組む意欲をもつ

「この二〇年間で、日本人は体力的にも知力的にも一〇歳若返った」という医学的な説があります。昔は六〇歳の「還暦」や七〇歳の「古希」が長寿の証でしたが、現在は一〇〇歳以上の方が六万五〇〇〇人以上。私たちの親世代は「一〇〇歳長

寿」が当たり前になりつつあります。

私の場合、父は六三歳で他界しましたが、母は九二歳まで元気でした。そんな母の血を引いているのですから、自分も九〇歳ぐらいまでは元気でいられるんじゃないかと、漠然と思っています。私は古希を迎えましたが、晩年の母の姿を思い浮かべると「そうね、まだまだやれそうだわ」と、勇気がわいてきます。

いま七〇歳の方を例にすれば、九〇歳まで二〇年間、一〇〇歳を視野に入れると三〇年間。持ち時間はとても長い。「でも七〇って、もう年よ」と及び腰になるかもしれませんが、その時間を有意義に過ごさないのはもったいない。せっかくだから、やりたいこと、やりたかったことに挑戦してみてはいかがですか。

「リバース・コーチ」という言葉があります。「リバース」には「reverse／逆転」と「rebirth／再生」の二つの意味がありますが、「リバース・コーチ」は「教え導いてくれる年上の人ではなく、若くても新しい刺激を与えてくれる人、知らない世界を教えてくれる人」のことです。

新しいことへの挑戦は、他人の力を借りるのが近道。とくにいまのような社会では、若い人に聞くのがいちばん。「この年で、いまさら若い人に聞くのは恥ずかしい」と思いがちですが、知らないこと、できないことは、礼儀正しく教えをこいましょう。それが自分を若返らせ、自分を再生させていきます。

「そんなことも知らないのかと馬鹿にされるんじゃないか」なんて、余計なことは考えないこと。知らないことを聞けない頑固さでは、どんどん頭が固くなります。「何それ、教えて、教えて……」と素直に頼める高齢者になれば、自分の世界が広がります。

葛飾北斎《かつしかほくさい》だって平櫛田中《ひらくしでんちゅう》だって、あるいはピカソだって、高齢になってから、どんどん新しい作風に挑戦していきました。最後の瞬間まで「新しいことに取り組みたい」という意欲を失わなかった。いま高齢者が学ぶべきは、この気迫と柔軟性をもつことです。

チャレンジには二つの方法があります。いままでまったくやったことがないことにゼロから挑戦するワクワクもいいし、昔、やってみたかったことに改めてチャレンジするのもいい……。

私自身は、絵画や音楽の才能はありませんが、若い頃から文章を書くのが好き。内心は小説などのフィクションに憧れていたのですが、「やはり才能がないな」と封印していました。でもいまは「いずれ書きたいな」に変わってきています。私の小説を読んでくれそうな奇特な読者がいるかどうかが問題ですし、「さて、いつになることやら」なのですが（笑）。

「小欲知足」をやめ、「老年よ大欲を抱け」

これまで日本人は、高齢期になったら「悠々自適《ゆうゆうじてき》」「無欲恬淡《むよくてんたん》」の精神で、ギラギラせずに枯淡の境地で生きろ――それが穏やかに過ごす秘訣だと教えられてきました。あるいは「小欲知足《しょうよくちそく》」。欲をかかずに、いまある境遇に足るを知る。そうすれば悩みはなくなっていくと……。

若いときは私も、その考え方に賛同していました。でも最近は「本当にそうなの？」と疑問をもっています。「小欲知足」もいいけど、結局、自分の幸せしか視野に入っていないように思えるからです。

そこで私は「老年よ大欲を抱け」と提唱したいのです。「足るを知る」なんて縮こまってしまわない生き方です。「もっとお金がほしい」とか「のんびり生活したい」などという個人の欲望は脇に置いて、「もっといい社会にしよう」「やらなければならないことが、ここにもあそこにも」と、積極的に社会参加に取り組むのです。社会的なしがらみから解き放たれた世代だからこそ、自由な立場で社会を変えていく「大欲」を抱けるはずです。

「格差が広がる」「弱者に冷たい」社会を憤るだけでなく、周りに少し弱っている仲間がいたら、その手助けから始めましょう。ちょっとした助け合いの活動を自分から行うことが大切です。

また、私は「七〇歳、遊んでいる場合じゃない、もっと働こう」と提言しています。「働く」といっても、どこかに雇われてお金を稼ごうというのではありません。人の役に立つために自分で起業するのです。収支はトントンでＯＫ。けれども損失を出すのはご法度。なので、オフィスは自宅、宣伝もホームページやフェイスブックを使ってコツコツ……。そんな「ゆるやかな起業」のすすめです。

今後は、いま人間が従事する仕事の四七％がＡＩ（人工知能）に取って代わられるという予測もあります。でも最後まで生き残るのは「人にしかできない仕事」。例えば、ロボットの助けを借りながら高齢者のお世話をする。あるいは子どもたちを教えたり、相談に乗ったり。そういう仕事は人間にしかできません。そこで、自分が苦にならない仕事で、人から必要とされる仕事は何かを考え、それに沿って起業する……。

いかがですか、あなたもそんな夢を抱いてみませんか？

いくつになっても、やればできると思い切る

思い込みから自分を解き放つ

少し前に、一冊の本に出合いました。鎌田實さんの著書『遊行《ゆぎょう》を生きる』（清流出版）です。「遊行期を、人生を締めくくる時期だからと達観するのでなく、あがいて迷って、また新しい道を追い求めていこう」という言葉に魅かれました。「遊行期こそ、しがらみから解放されて自由に羽ばたこう」という鎌田さんの考

え方、大賛成です。つつましく、じっと死を迎えるより、しがらみや思い込みにとらわれず、試行錯誤を続けていきたいですね。

古代インドで唱えられた「四住期」のように「林住期」や「遊行期」は年齢で区切る必要はないと考えています。相互に重なり合いながら、少しずつ重心が移動していくのです。

「林住期」は、「学生期」や「家住期」に培《つちか》った〝強味〟（ストロングポイント）を発揮して、人のため、社会のために役立とうとすべき時期です。それはその前段階である「家住期」が基礎となってきますが、「遊行期」は、自分がいままでやってこなかったこと、やれるかどうかわからないことをあえてしてみる時期。人間はいくつになっても「これをやってみたい」という好奇心があるはずです。

そんな新しい目標をもつことは、自分を取り巻くしがらみや、「かくあらねば

ならない」という思い込みから自分を解き放つことにつながります。「そんなの無理、できっこない」としり込みしていたら、いつまで経っても自分を変えることはできない。「やればできるかもしれない」と思い切れば、しがらみや思い込みから解放され、新しい自分が誕生するのです。

失敗してもいいから、まず試してみること。「私らしくない」とか「それは無理」などという先入観やこだわりを捨てて、「それもありだわ」と素直に取り入れてみましょう。すると「こんなこともできた！」と、新しい自分を発見できます。世界が広がっていきます。万が一、失敗しても、うまくいかなくて恥ずかしくても、「やりたくてやったんだから、まあいいか」と自分を納得させましょう。

そう考えて私は、人生の節目ごとに目標を立ててきました。六〇歳になったらこれ、七〇歳ではあれ、八〇歳ではこうしようという目標。ちょっとハードルが高くても、決して実行不可能ではない目標は、いわば「自分へのご褒美」。「それから先」を生きるエネルギーになります。

目標の一例は登山です。私は六〇歳で富士山に登り、七〇歳で故郷・富山の立山登山をしてきました。八〇歳ではヒマラヤトレッキングに出かけ、エベレストを間近で見たら素敵でしょうね。

もちろん、必ずしも新しいことにこだわる必要はありません。私の姉は年を取ってから絵を描き始め、どんどん上手になっています。その一方で、若い頃から趣味にしていた陶芸に向かい、楽しそうにろくろを回している友人もいます。ともかく、自分がやりたいことをやること。大事なのは、自由な気持ちで新しい自分に向かうこと、それが大切です。

自分なりの遊行の世界を織り上げる

私自身は「遊行期」を充実させるために、短歌をもっと本格的につくってみたい。前にも少し触れたように、短歌は若い時分から親しんでいましたが、自己流で一人よがりのものでした。そこで、もっと短歌に身を入れたい。歌会にも出席したい。そして「本歌取り」（意識的に先人の詠んだ用語や語句を取り入れてつくること）の歌を詠んで、名作の世界に自分の感性がどう融合するか、重ね合わせてみたいと思っています。

ちなみに、よく「なぜ俳句ではなく、短歌なのですか？」と聞かれますが、俳句は〝軽み〟が重要視される世界。時の移ろいや花鳥風月を相手にしながら、そこに軽やかさが求められます。それが私は苦手なのです。一方、短歌はどちらかというと「思いを述べる」世界。それが私には向いていそうで、そのためには一七文字では不足で、三十一文字がほしい。

話を戻します。いまのように、やりようによっては〝生涯現役〟を貫ける時代には、「遊行期の死の準備」は最後の五〜六年だけで十分。それまでは林住期ならではの使命と遊行期の〝自分再発見〟を組み合わせて、片方で社会とつながり、もう一方で自分の新しい可能性を見つけるようにしましょう。林住と遊行は縦糸と横糸の関係で、林住の生き方があるから、遊行も楽しめるのだと考えること。学生期にも、家住期にも「とらわれない」もう一人の自分を温存していくことが必要かもしれません。

私の場合は自分の〝強み〟である「書くこと」を武器にして、林住的生き方では、物を書くことで人の役に立ち、社会を少しでもよくしたい。それを縦糸にしながら、好きな短歌への取り組みを横糸にして、自分なりの遊行の世界を織り上げたい……、それが、いまの願いです。

「ありがとう」をもらう生き方を

無駄に不安がる必要はない

年齢を重ねていくと、「万が一」の不安の一番目は、「病気になったらどうしよう?」でしょう。「医療費はどうなるの?」かが、頭をよぎります。

でも、日本には世界に誇れる国民健康保険制度があるのです。

〝何がなんでも延命したい〟と、健康保険のきかない最先端医療を受けたり、入院の際に、個室に入って高額な差額料金を払わない限り、それほど大きなお金はかからないはずです。

私自身は「もう七〇歳を過ぎているのだから、保険の枠内の標準治療で十分」と考えています。

いまさら高額の医療や保険適用外の薬を使ってまで命を長らえる必要はないと思っているからです。

もう一つの「万が一」は、「介護が必要になったらどうする?」でしょう。残念ながら、介護保険制度はまだ医療保険制度ほどには充実していないのが現状です。

現在民間の有料老人ホームは、入居金が一人当たり数百万円、毎月二五万〜三〇万円が標準です。高いと感じる方も多いかもしれません。有料老人ホーム以外では、「特別養護老人ホーム」を探す方法もあります。こちらは、経済的にはよりリーズナブルですが、介護認定を受けてからでないと入れません。長い「入居待ち」を覚悟しなければなりません。

このような介護にまつわる情報を知っても、無駄に不安がる必要はありません。でももちろん、最低限の貯蓄は必要です。家計の持ち出し分は考慮しておかなければなりません。

総務省の「家計調査」によると、家族二人以上の一か月の生活費は約二四・六万円。それに対する収入のほうは、厚生年金の場合、平均受給額が約二二万円といわれるので、不足分は約二・六万円です。少し余裕を見て五万円としても、一年間で六〇万円。さらに趣味などに回す費用も考えて、年間一〇〇万円ほどの持ち出しで十分にやっていけるはずです。

では、この分のストックはどれくらいを考えればいいのでしょうか。いまは定年退職しても、六五歳まではなんらかの形で収入を得るケースが多いようです。例えばそれから三〇年間、九五歳まで生きるとしても、インフレさえなければ、三〇年間、毎年一〇〇万円の持ち出しでちょうど三〇〇〇万円という計算になります。

感謝されたときに感じる幸せ

仮に、老後の必要資金を三〇〇〇万円としましょう。旅行や趣味を楽しんで、それをきれいに使い果たして去っていくのがベストですが、中には「それ以上もっている」という方も「そんなに必要ない」という方もいるはずです。そんな場合、余ったお金をどうしますか？

一般的なのは、子どもや孫に資産を残すことでしょう。でも昔から「子孫に美田を残さず」というように、子どもや孫たちに財産を残すと、ろくなことはありません。お金は本来、自分で苦労して貯めるもの。お金が〝親〟から降ってくると、依存心や甘えが生じるだけです。

そこで私は、たとえ一部でもいいから、余りそうな分の「寄付」をおすすめします。例えば「博愛型」で、国連の機関であるユニセフやＷＦＰ（世界食糧計画）

などに寄付をして、途上国の子どもたちの食糧や医療費に充ててもらう。あるいは国内の貧困家庭を助けるのも意義があります。貧困にあえぐ人を助ければ、地球全体が幸福になります。

自分と縁が深いところに寄付をするのも、自分で納得できます。出身校や住んでいる地域、趣味のオーケストラ、絵画や詩句の会などに、感謝と応援の気持ちを込めて寄付をするのです。

先日、私が理事長・総長を務める昭和女子大学に、ある卒業生が三〇〇〇万円の寄付を申し出てくれました。その方はご主人を早くに亡くされ、母子家庭で働きながらお子さんを育ててきました。勤めていた会社が株を上場し、「社員持ち株会」の一員として保有していた株が想像以上の値をつけたので、その利益分を、一人親で苦労して学業を続けている学生のために役立ててほしいというのです。

そのお気持ちに感動しました。

お金はご自身が苦労して貯めてきた結果ですが、健康で働いてこられたのは、周囲の人たちの支えなどの〝恵み〟があったからと考えていらっしゃるのです。そういう恵みに感謝する気持ちが、自分の心を豊かにし、困っている人のために一肌脱ぐ精神となって世の中を明るくしていきます。

また寄付は、自分が「生きた証」にもなります。アメリカなどでは、それほどお金持ちでない方が大学や公園、コンサートホールのベンチやいすなどを寄付するケースがあります。自分の名前を名板に彫って残してもらえば、多くの人から感謝され、「生きた証」になります。でも形に残ろうと残るまいと、「誰かの役に立っている」と思えれば、自分の人生が素敵に彩られていくはずです。

「幸福」について研究している心理学者によると、人は「何かをやり遂げたとき」に幸せを感じますが、感謝されたときに感じる幸福感は、それ以上だそうです。

できれば古希や喜寿、米寿などの節目に、「残りの人生にはこれくらいあれば十分」と、老後資金を見直して、余裕分の一部を社会のために使いましょう。きっとたくさんの「ありがとう」の声が、あなたを幸せにしてくれます。

老後の一人暮らし「後家ラク」に、感謝して生きる

人生の締めくくりの時間を楽しむ

二〇一七年の日本人の平均寿命は男性が八一・〇九歳、女性が八七・二六歳。女性のほうが六歳以上、平均寿命が長いのです。しかも日本では女性が年下のカップルが多いので、それを加味すると、女性は一〇年近くを「ウィドウ（未亡人）」として過ごす可能性が高いのです。「高齢期」を考える場合、この時期をどう過ご

すかを視野に入れておかなければなりません。

伴侶を失ったら悲しいし、さみしいでしょう。でも、いくら悲しんでも伴侶は戻ってきません。ですから、悲しむだけ悲しんだら、「あなたの分まで幸福になるわ」と気持ちを切り替えましょう。「極楽」ならぬ「後家《ごけ》ラク」な「メリーウィドウ（幸福な未亡人）」の生き方のすすめです。きっと亡くなったご主人も、天国で喜んでくれるはずです。

日本は、どんな理由があっても離婚した女性には冷たい社会で、再就職も厳しいし、財産分与も、養育費を受け取るのも難しい現状があります。これが女性の貧困と子どもの貧困の連鎖を生む原因の一つになっています。

その半面、死別した女性には温かい。年金も、夫婦で暮らしていたときの七割近くは保障されます。相続税も配偶者が相続する場合は、相続税額一億六〇〇〇万円まで無税です。

それなのに、「お金は大丈夫かしら？」とか「認知症になったらどうしよう？」なんて、現実に起こってもいない先々のことで悩むなんて、精神衛生上よくありません。そんな不安はひとまず横に置いて、人生の締めくくりの時間を楽しく暮らすことをまず考えるようにしましょう。

おそらく、ご主人と暮らした日々は安心だったでしょう。でも半面、不自由さを感じたことはないでしょうか。相手に気を遣って、自分の気持ちを抑えたり、我慢した経験があるかもしれません。でもこれからは、誰にも気兼ねなく、好きなときに好きなことができます。これは、いままでの〝ご苦労〟へのごほうび。せっかく手に入れたごほうびをどう活用するか、それは自分次第です。

伴侶や家族に囲まれて平穏に暮らしていた人は、一人暮らしへの備えを持ち合わせていません。だから、せっかく手に入れた自由をどう活用したらいいか、わからないのです。

そこでまず、そんな恵まれた結婚生活をプレゼントしてくれたご主人に感謝を捧げ、「さあ、新しいスタートだ！」と、自分を励ましていきましょう。

意欲を捨ててはいけない

先々を思い悩むのは、「万一」のときの生活をイメージしたくないから。子どもも家を離れ、一人暮らしになった自分が病気や認知症になったらどうなるか、その姿を〝思い浮かべたくない〟からです。

しかし、例えば認知症も、なる前からいくら思い悩んでも、発症を完全に回避できるわけではありません。また実際に発症したとしたら、自分一人の力では対処し切れません。そこで、不安におびえるより、「そうなったら仕方がないわ」と割り切ってしまうこと。いざ、そんな局面になったら、社会保障や家族や誰かに頼るほかありません。

「病気や認知症になったら周りが大変だから、元気なうちに施設に」という考え方もありますが、これはおすすめできません。施設などに入居して生活の大部分を他人に頼ると、自立する力が確実に衰え、かえって老化を促進させるからです。

病気や認知症を恐れるなら、むしろ「成年後見制度」を活用することです。頭がはっきりしているうちに「後見人」を選定して、いざというときの財産管理、施設入居の是非など、意思をはっきりさせておくこと。そして準備をすませたら、ぎりぎりまで自宅で生活するのです。自分のことは自分でするという気構えが、人間をシャンとさせます。ちなみにトラブル防止の意味からも、成年後見人は親族や知人ではなく、弁護士や司法書士などの専門家に頼むのが無難です。

また、後顧の憂いを残さないために、自分の死後の財産分与などは遺言書などの形できちんと残しておく。「どのように死を迎えるか」の「リビングウィル」なども、きちんと整理して記入し、遺言しておくことが大切です。

こんな形で「棚卸し」をしておけば、「財産は何がどれくらいあるか?」「死ぬまでに準備しておくことは何か？」などが明確になってきます。すると「元気なうちはどう暮らしたらいいのか」が見えてきて、生活への意欲もわいてきます。

意欲を捨ててはいけません。例えば習い事でも「この先いつまで元気でいられるかわからないから」なんて〝先々の不安〟を理由に、習うのをあきらめる人がいますが、不安を「いま、やらない」ことの言いわけにしてはいけないのです。

いつまで元気でいられるか、どこまで続けられるかが不安なら、これ以上は無理だと思ったときにやめればいい。大事なのは、いまを大事にし、チャレンジする姿勢。それが、ぎりぎりまで人生を輝かせることにつながります。

一人だからできることもある

「感謝のタネ」は自分で探す

いくら「一人暮らしは自由」といっても、時にさみしくなるのは自然です。人間は社会性を大切にする生き物なので、「感謝してくれる相手」「喜んでくれる人」を欲しがるものなのです。

そこで、幸福な一人暮らしをするためにも、そういう相手を、自分から積極的に探してみることをおすすめします。

例えば、「子ども食堂」のお手伝いなどはどうでしょうか。いま「子ども食堂」は全国で二二〇〇か所以上あり、母子家庭や一人きりでご飯を食べる子どもたちに食事を提供しています。自治体の補助も増えていますが、多くはまだ資金難で、人手も不足しているのが現状です。

いままでは家族や子どものためにだけ家事をこなしてきた人でも、これからは「誰に食べさせてあげてもいい自由」があるのです。長年培ったスキルを生かさないのは、もったいないと思います。

自由とは「やらなければならない」ことがなくなるのと同時に、「何をしていいのかわからなくなる」ことでも

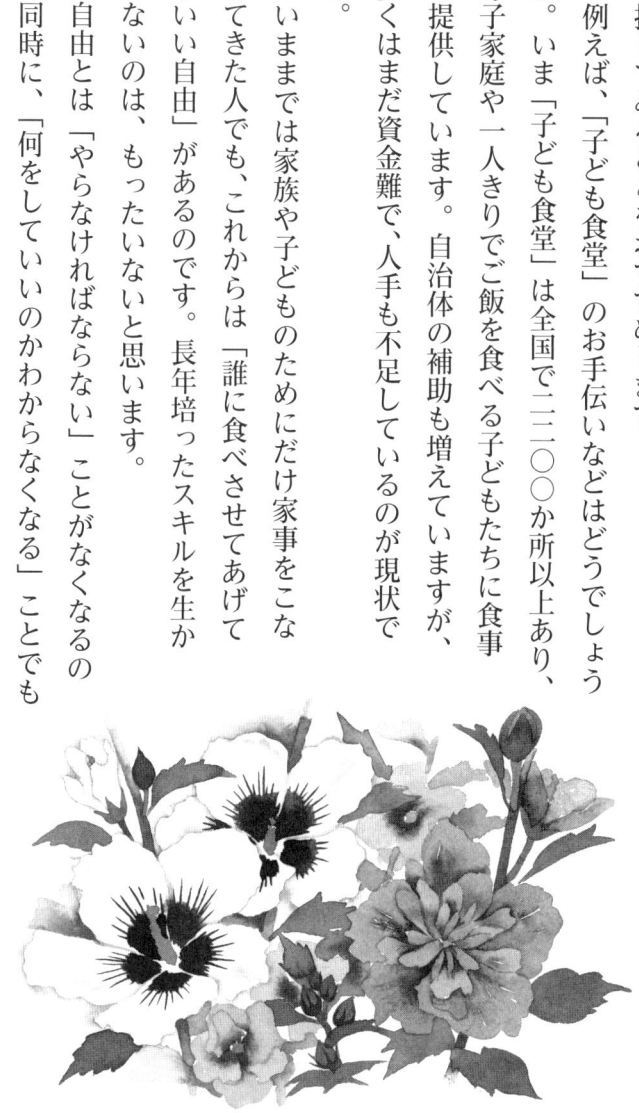

あります。一種の「生きがいの喪失」で、それが体にも心にも悪影響を及ぼします。しかし、多くの人は自分から「○○をします」といわず、誰かから声がかかるのを待っているだけ。でも「感謝してくれる人はいないかなあ？」と待つだけでは、「何もしなくていい自由」に負けてしまいます。積極的に、自分で探していかなければなりません。

前述したように、高齢者こそ〝きょういく〟と〝きょうよう〟が大切です。〝きょういく〟は「きょう、行く」と、毎日、出かけられる場所をもつこと。そして〝きょうよう〟は「きょう、する用がある」と、ささやかでもいいから用事をつくることです。

可能であれば、仕事をするのがベストです。毎日、やらなければならない〝義務〟があれば、生活にメリハリが生まれるし、心と体が健康になります。

「いまさら働くなんて……」と思うかもしれませんが、コンビニで働くのもいいし、新聞配達もいいと思います。とくに早朝はアルバイトが集まらないので、ともに人手不足。介護施設、保育所も人手が足りません。それらを補うのは、社会のためにもなります。

こんな形で、ほんの少しだけでも働く時間は、自由の中の「句読点」になります。これが一人暮らしを楽しむコツ。基本は自分のやりたいようにするけれど、一部に自分を〝律する〟時間と場所をもつこと。それが日常生活にメリハリをつけます。

固定観念にとらわれない

最近よく聞くのが、「自由になったし一人はさみしいから、仲のよい友だち同士、シェアハウスで暮らそう」という声です。

お気持ちはわかりますが、これには少し問題があります。いくら仲のいい友だちでも毎日、顔を突き合わせていると、相手の意外な面、いやな面が見えてきます。昔は嫁姑の最適の距離感を「スープの冷めない距離」といいました。友人関係も同じ。少し距離を置いて、ときどき食事をしたり、お酒を飲んだり、旅行に行くくらいが、ちょうどいいのです。

また「かねてから憧れていた土地で暮らしたい」と、地方移住を望む声もあります。しかし移住はいいけれど、「そこで、いつまで、どう暮らすか」をはっきりさせておかないと、「こんなはずではなかった」と、ほぞを噛むことになりかねません。

地方移住の最大の問題点は、そのコミュニティーの中に入れるかどうか。Uターン組は温かく迎えてもらえても、よそ者には見えない壁が立ちはだかりますから、案内人というか、手引きをしてくれる人がいないと内側には入れません。

それに、地方は大都市よりも居住費・食費は安くても、医療費や交通費などはかかります。そして、地方でコミュニティーの一員であり続けるのに欠かせないのは、冠婚葬祭の付き合い。それを欠いたら、コミュニティーから排除されるので、心身面、経済面の負担が大きいのを認識しておくこと。

さらに、高齢期の幸福とは、「子どもや孫に囲まれているのが唯一最高のもの」という固定観念にとらわれないことです。「幸せの多様性」とでもいいましょうか、「一人もまたよし」「一人だからできることもある」という、新しい幸せの形があることに気づくことです。そうした気づきを得ることができないと、「一人はかわいそう、さみしい、張り合いがない……」という感情に飲み込まれてしまいます。

一昔前までは、パック旅行でも、二人一組で申し込まないといけなかったり、一人だと料金が割高になったりしていました。でもいまは、「お一人さま歓迎のパックツアー」が増え、一人部屋の割り増し料金を取るところも減ってきています。

幸い「一人である自由」を楽しめるように、社会が確実に変わってきているのです。それをエンジョイしないのはもったいない。考え方と工夫次第で、一人暮らしの楽しみは、どんどん増していくはずです。

「ありがとう」と「ほどほど」で幸せ

「無罪の七施《しちせ》」の精神を大事に

人間は誰でも、最後まで「こういうふうに生きたい」という希望をもちます。でも残念ながら、必ずその通りになるとは限りません。だからこそ〝万が一〟のことが頭をよぎり、その不安が頭から離れなくなるのでしょう。

でも「いざというとき」のことは、最低限のことだけ考えておけば十分。

　私の場合は「日常で介護が必要になったら施設に行く」「延命処置はしない」などです。

「それ以外のことについては、起きたときに考えればいい。それより今日が大事」という気持ちで生きています。

　要するに「I will enjoy every stage of life」の精神。「高齢期は、神様がくれた自由な時間、楽しまなければ損」だし、「何が起こっても、運命として受け入れる」ということです。

　高齢期を楽しむ手段はいろいろあります。趣味に励んだり、何かのグループに所属して友だちをつくるのも有効です。でもそれ以上に〝長生きさせてもらっている〟ことに感謝することが、老後を充実させる最良の方法だと、私は確信しています。

　よく「こんなに長生きしたから、あとはおまけの人生」という言葉を聞きます。その人が一〇〇％そう思っているかどうかは別として、これは一見、謙虚なようでいて、じつは不遜な言葉なのです。

せっかく与えられた人生なのだから、最後まで「ありがとう」の気持ちで生き続けなければもったいない。それを素直に表現すべきだし、そしてその「ありがとう」の気持ちを、支えてくれている周囲に返してほしいのです。それが、最後まで充実した人生を送ることにつながります。

「でも年を取って体力も知力も衰えたし、財産も心もとない。お返しできるものがない」なんて嘆く必要はありません。

仏教に「無財の七施」という教えがあります。「施」は「施し」のことですが、物やお金で施しができなくても、「七施」の中で他者にできることをすればいいというのです。例えば「他人に慈しみの目で接する」（眼施《がんせ》）、「いつも和やかで、穏やかな顔で人に対する」（和顔施《わがんせ》）、「優しい言葉を使う」（言辞施《ごんじせ》）なら、すぐにできます。また「他人に心を配り、いっしょに喜び、ともに悲しむ」（心施《しんせ》）というものもあります。

たとえ物やお金、パワーはなくても、思いやりの心があれば、周囲を喜ばせることができるのです。それを続ければ、自分が生きている実感がわきます。周囲が喜べば、自分もうれしくなります。

また「ありがとう」の気持ちがあれば、どんな小さなことにも感動を覚えることができます。雨降りで気分がふさぎがちなときでも、「雨も風情があるね」と、その美しさを見つければ、心がとても豊かになります。その延長で、「今日はいい日だ」と感じられれば、「明日はもっといい」と思えるはず。そういう形で最後まで過ごすのが、幸せな人生につながります。

フランスの哲学者アランは「幸せは意志の力による」といいました。人間は気分に任せると悲観的になりがちですが、しっかりとした意志をもって生きれば、楽観的に暮らせるものなのです。

現状を肯定することをおすすめ

とはいえ、「よくよく考えると、自分の人生、これでよかったんだろうか？」と後悔する気持ちにとらわれることもあるでしょう。それも自信を失わせ、不安を増幅させていく一因です。

私も人生を振り返って「この程度でしかなかった。たいしたことはできなかった」と、少しがっかりすることがあります。「もっとやりたいことがあったのに、こんなはずじゃなかった」と。でも、それとは裏腹に「それなりにがんばってきた。よくやってきたじゃないの」と、自分を慰めてあげたい気持ちもあります。

人間は、若い頃は「あれも、これも」といろいろ欲しがるものです。それが若さの特権というもの。しかし年とともに、すべてを手に入れるのは無理だとわかるようになり、夢や希望は〝しぼんで〟いき、欲も薄れてきます。

でも、そんな「ほどほど」がちょうどいいのです。理想とは違っているかもしれないが、でもそれが等身大の自分の姿。私自身もいま、その「ほどほどの美学」を受け入れる気持ちで生きています。きっと多くの人が、私と同じ気持ちでいるでしょう。志と違った人生を送ってきた人も多いかもしれません。でもそれぞれ、与えられた場で一所懸命に生きてきた結果、いまがあるのです。

そこで、高齢期に入ったら、「この程度の才能で、この環境で自殺もせず、犯罪も犯さず、よくやってきたよね」と、現状を肯定することをおすすめします。それが心の平穏にもつながりますし、そういう〝いさぎよさ〟は周囲の共感を呼ぶかもしれません。そんなあなたを、もしほめてくれる人がいたら、「ありがとう」と答えると、また人の輪が広がっていきます。

「起きて半畳、寝て一畳……」ということわざもあります。「人間が生きていくには最低限のものだけあればいい。あの世には、お金も地位も家族も友だちも、もっていけないんだ」と考えると、心が解き放たれます。

おわりに

高齢期をいかに生きればよいのか。それは日本社会全体の問題であるとともに、私自身の問題でもあります。まだまだやらなければならないことが多くて、老成、熟成とは縁が遠い私ですが、折々のテーマによって思い浮かぶ感想を、三年間にわたり毎月、『清流』に連載しました。それをまとめたのが本書です。

まだ本でしか、人生も社会も知らず頭でっかちだった一〇代のころ、就職・結婚・出産・育児に取り組み、いちばん苦しかった二〇代、やっと自分のやれそうなことが見えてきた三〇代などと比べると、七〇代のいまは人生の実りの時かもしれません。それなりに経験を積み、若いときにはわからなかったことがわかり、ほかの人の苦しみや喜びがわかるようになりました。体もまだ健康です。

人生は思うようにはいかないけれど、悪いことばかりでもない。大金持ちの人と比べたら取るに足りなくても、自分の生活を賄って少し社会的なことにも使える程度のお金はあります。ちゃんと育ってくれるか心配していた子どもたちもワーキングマザーとなってそれなりの自分の人生を生きています。

きっと私だけでなく、同世代の多くの人がこのような状況なのではないでしょうか。

この幸せを自分たちだけで楽しむのでなく、多くの方とシェアしたい。そういう思いをこめた文章が、いつのまにかたまりました。少し押しつけがましいかもしれませんが、私が日ごろ感じていることを率直に述べました。

論文ではないので引用文献や、出典を丁寧に記していませんが、たくさんの方の言葉、生き方に触発され、自分の血肉となった考えを述べています。

年をとってもその程度のことしか考えていないのか、と笑われるかもしれませんがご笑覧ください。

三年間の連載に付き合ってくださった未来工房の竹石健さん、『清流』編集長の長沼里香さん。お二人との対話から、私の思いが言葉になり形となったことに心から感謝いたします。

二〇一九年一月

坂東眞理子

本書は、月刊『清流』（二〇一六年一月号～二〇一八年一二月号）の連載に
加筆・修正したものです。

坂東眞理子（ばんどう・まりこ）

昭和女子大学理事長・総長。東京大学文学部心理学科卒業後、総理府に入省。日本初の「婦人白書」執筆担当。ハーバード大学留学後、埼玉県副知事、オーストラリア・ブリスベン総領事、内閣府男女共同参画局長などを経て退官。行政官のキャリアと二児の母という複合的な視点から女性の生き方を提案した『女性の品格』（ＰＨＰ研究所）は大ベストセラーに。著書に『言い訳してる場合か！ 脱・もう遅いかも症候群』（法研）、『女性リーダー 4.0 新時代のキャリア術』（毎日新聞出版）、『女性の知性の磨き方』（ベストセラーズ）など多数。

笑顔と思いやりで幸せになる

2019年2月27日　初版第1刷発行

著者　坂東眞理子
©Mariko Bando 2019, Printed in Japan
発行者　藤木健太郎
発行所　清流出版株式会社
101-0051
東京都千代田区神田神保町 3-7-1
電話　03-3288-5405
http://www.seiryupub.co.jp/
編集担当　松原淑子
印刷・製本　大日本印刷株式会社

編集協力　未来工房
ブックデザイン　唐澤亜紀
イラスト　阿部真由美

乱丁・落丁本はお取替えいたします。
ISBN 978-4-86029-484-7

本書のコピー、スキャン、デジタル化などの無断複製は著作権法上での例外を除き禁じられています。本書を代行業者などの第三者に依頼してスキャンやデジタル化をすることは、個人や家庭内の利用であっても認められていません。